权威·前沿·原创

皮书系列为
"十二五""十三五"国家重点图书出版规划项目

新型城镇化蓝皮书
BLUE BOOK OF
NEW URBANIZATION

新型城镇化发展报告
（2016）

ANNUAL REPORT ON THE DEVELOPMENT OF CHINA'S
NEW URBANIZATION (2016)

特色城镇化之路

主　编／李　伟　宋　敏
副主编／沈体雁　陈　民

社会科学文献出版社
SOCIAL SCIENCES ACADEMIC PRESS（CHINA）

图书在版编目（CIP）数据

新型城镇化发展报告. 2016，特色城镇化之路／李
伟，宋敏主编. －－北京：社会科学文献出版社，2017.6
（新型城镇化蓝皮书）
ISBN 978 - 7 - 5201 - 0769 - 3

Ⅰ.①新…　Ⅱ.①李…②宋…　Ⅲ.①城市化 - 发展
- 研究报告 - 中国 - 2016　Ⅳ.①F299.21

中国版本图书馆 CIP 数据核字（2017）第 096430 号

新型城镇化蓝皮书
新型城镇化发展报告（2016）
——特色城镇化之路

主　　编／李　伟　宋　敏
副 主 编／沈体雁　陈　民

出 版 人／谢寿光
项目统筹／恽　薇　陈凤玲
责任编辑／陈凤玲　关少华

出　　版／社会科学文献出版社·经济与管理分社（010）59367226
地址：北京市北三环中路甲 29 号院华龙大厦　邮编：100029
网址：www. ssap. com. cn
发　　行／市场营销中心（010）59367081　59367018
印　　装／北京季蜂印刷有限公司

规　　格／开　本：787mm × 1092mm　1/16
印　张：13.5　字　数：179 千字
版　　次／2017 年 6 月第 1 版　2017 年 6 月第 1 次印刷
书　　号／ISBN 978 - 7 - 5201 - 0769 - 3
定　　价／98. 00 元

皮书序列号／B - 2014 - 400

新型城镇化蓝皮书
编　委　会

主编简介

李 伟 北京荣邦瑞明投资管理有限责任公司创始人、董事长、合伙人，中国系统工程学会常务理事，中国区域科学协会常务理事，城市中国研究院院长，投融资规划方法的创始人。长期致力于区域经济发展、城市开发建设、城市公共服务、政府投融资、城市营销以及政府投资类企业管理等领域的研究及实践，带领其团队在总结各地城镇化经验和教训的基础上，创造性地提出"投融资规划"方法，填补了将系统工程方法与整合性技术运用于城市建设管理领域的空白，在多个城市进行实践应用，有效解决了地方政府在城镇化建设中遇到的棘手问题，并打造了在国内有广泛影响力的新城发展模式——"长阳模式"，得到了理论界和实践界的广泛认同。先后出版了《投融资规划——架起城市规划与建设的桥梁》、《破解城市建设困局——长阳模式解读》、《破解城投公司困局——探索中国经济发展基因》和《政企合作——新型城镇化模式的本质》等著作，并在凤凰网城市频道开辟专栏，记录对城镇化的实践经验和理论思考。

宋 敏 北京大学经济学院教授、金融系主任、金融创新与发展研究中心主任，香港大学中国金融研究中心创始主任。（曾）兼任中国证券会博士后导师，上交所及深交所博士后导师，香港政府中央政策组（CPU）顾问，香港政府金融人力资源发展委员会成员，深圳前海试验区咨询委员，中国投资公司（CIC）咨询顾问等多项社会职务。出版多部经济及金融学专著并在国内外一流期刊发表论文数十篇。

副主编简介

沈体雁 男，1971年3月生，湖北天门人，博士，北京大学政府管理学院教授，博士生导师，中国区域经济研究中心常务副主任，首都发展研究院副院长，国家住房与城乡建设部智慧城市专家委员会委员，国土资源部国土资源信息化专家咨询委员会委员，中国区域科学协会秘书长，美国哈佛大学、加州伯克利大学、伊利诺斯大学高级访问学者，世界银行城市发展战略培训专家，*Environmental Planning*（B）和 *Annals of the Association of American Geographers* 审稿人。主要从事城市复杂动力学、城市与区域规划、空间计量、城市计算、空间综合人文学与社会科学等方面的研究，倡导城市产业集群管理与协同式规划，发表、出版学术论文和著作50余篇（部）。

陈　民 北京荣邦瑞明投资管理有限责任公司创始人、总经理、合伙人，财政部PPP中心专家库专家、国家发改委PPP专家库专家。长期致力于城市开发PPP和投融资管理，在新城、产业园区、轨道交通、环保、大型基础设施、城市公共服务等领域有15年的专业服务经验。曾主持过北京地铁4号线等重大PPP咨询服务项目，在北京、上海及全国各地20多个省市的大型城市开发项目中主持投融资顾问工作。服务的客户包括国开金融有限责任公司、中国中铁股份有限公司、中国交通建设股份有限公司等多个大型城市开发企业，成功为诸多地方政府引入社会资本投资重大项目，其中十余个重大项目入选国家示范项目，在理论和实践方面均有深厚的积累，获得理论界和业界同仁的广泛认可。出版了《解密轨道交通PPP》《政企合作——新型城镇化模式的本质》等多部著作，在国内外一流期刊发表论文数十篇。

摘　要

2016 年末，中国城镇化人口达到 7.93 亿人，城镇化率达 57.35%，这意味着中国社会由此迈入"城市世纪"。党的十八大以来，随着《国家新型城镇化规划（2014—2020 年）》等一系列规划和政策文件的出台，"新型城镇化"成为当前中国社会经济领域的关键词。未来中国城镇的发展，势必会从新型城镇化的方向性引领路径过渡到特色城镇化的实践性路径，从而真正探索出一条中国特色城镇化道路。

本书立足于 2016 年"特色城镇化"的发展情况，向前梳理发展脉络，向后研判发展趋势，对于特色城镇化的"何为特色"以及"特色如何为新型城镇化带来新的生产力和生产关系"，进行了多角度的深入解析。

全书由总报告、专题篇和案例篇组成。

总报告共三篇。《中国特色城镇化之路》回顾了中国的城镇化过程：先提出小城镇优先战略，然后迅速走上大城市化道路。通过对上述战略的检讨，总结了推动和影响新型城镇化的五种力量，考察我国城镇化在 2016 年前后展现出的新气象，提出特色城镇化已经成为新型城镇化的重要方向，力图把握和预测中国特色城镇化的趋势。《特色城镇化：新型城镇化从方向到路径的重心转移》颇具亮点，借鉴联合国人居署搭建的可持续发展的多维行动架构，通过六个方面对"特色城镇化"的发展路径进行了高屋建瓴的分析。《立法推动特色城镇化》另辟蹊径，论述地方立法创新对城镇特色产生决定性的影响，提出新的视点："地方立法权的扩大正是开启新型城镇化和特色

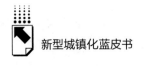

城镇化的重要一步"。

专题篇共六篇，分别从不同角度对特色城镇化及其相关问题进行了探讨，就加快供给侧结构性改革、产业路径优化、产业选择、农地流转、生态环境、政企合作共建地下城市空间等领域进行专题论述，紧紧围绕特色城镇化主题，分别从当前政策、行业现状、常见模式、发展方向及政策建议等方面组织报告，并注重引用数据、图表、案例进行有效支撑和说明，兼顾总结性和资料性价值。专题报告部分涉及很多创新领域，存在很多亮点，如《小城镇产业优化路径》和《特色小镇的产业选择》两篇文章，从新的视角对城镇化产业优化进行了深入的探讨，为特色城镇化产业选择提供了多种可能性，初步展现特色城镇化丰富多彩的美好前景。《加快供给侧结构性改革推动城镇特色化发展》一文构建了城镇特色化发展的内生增长动力体系，论述了如何通过加快供给侧结构性改革推动城镇特色化发展。《政社合作共建地下城市空间》集中体现了作者在以 PPP 模式建设地下综合管廊领域有丰富经验和独到见解，既有实践性，又有理论高度，并且提出"经营地下城市空间"这一新的商业模式。《加快农地流转创新推动新型城镇化进程》《城市特色生态环境建设》两篇文章，对特色城镇化的相关领域进行了率先探索，体现了极强的专业性和大胆的探索精神。

案例篇共三篇，切入点巧妙，个性鲜明，各有特色。《特色产业在区域产业结构中的地位和作用》以乌镇、六安茶谷为例论述特色产业是如何影响区域产业结构带动区域经济发展的，为新型城镇建设提供可参考的方向。《基于特色农产品的农业县城镇化发展路径》以隰县玉露香梨特色产业为例，论述这个农业人口占全县总人口 80% 的全国扶贫开发重点县，通过立足农业特色资源，围绕特色玉露香梨产品为中心推进农业现代化，一步一步推进城镇化进程，有效地实现第一、第三产业大融合，从而带领农民走上小康致富之路。《"权力下放"打造特色强镇》视角独特，以山东省广饶县大王镇为例，论述权力下放过程中如何促进大王镇快速打造特色强镇，通过实施一系列的权力下放改革措施，2016 年大王镇在全国综合实力百强镇排名中列第 68 位，全省第 1 位，同时并未回避其实施过程中存在的问题，并在此基础上进一步提出了打造特色强镇的合理化建议。

目　录

Ⅰ　总报告

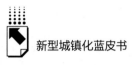

皮书数据库阅读使用指南

总 报 告

General Reports

B.1
中国特色城镇化之路

单红松　杨 涛*

摘　要：　自20世纪80年代以来，中国在城镇化过程中，先是提
出小城镇优先战略，然后迅速走上大城市化道路。大
城市的优势在于功能的综合性和机会众多，小城镇的
优势在于特色。在经济发展进入新常态的今天，模仿
型排浪式消费阶段已经结束，个性化消费渐成主流。
特色城镇化已经成为新型城镇化的重要方向，特色小
镇的异军突起标志着中国城镇化战略将真正迎来战略

* 单红松，荣邦瑞明城市中国研究院执行院长，长期从事城市（区域）发展、产业发展、旧城
改造等领域的研究和规划咨询，著有《北京旧城改造的思考》《北京旧城改造振兴模式与政
策创新研究》《旧城改造案例研究》《谋划新城》等。杨涛，毕业于北京大学，北京荣邦瑞
明投资管理有限责任公司副总经理、城市中国研究院经济生态研究所所长，擅长领域为区域
开发 PPP、投融资规划、集体土地开发等，发表作品有《发改委吹号：产业新城迎来重大机
遇》《PPP 在镇域整体开发中的应用探索》等。

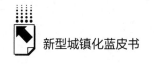

性转变。本文通过对小城镇战略、大城市化战略的检讨，总结了推动和影响新型城镇化方向的五种力量，观察我国城镇化在 2016 年前后展现出的新气象，力图把握和预测中国特色城镇化的趋势。

关键词： 新型城镇化　特色城镇化　特色小镇

改革开放前，我国实行以工农业"剪刀差"支撑的工业化优先战略，优先工业化造就了重量轻质的城镇化，城镇化只是工业化的副产品。在 21 世纪初的 10 年，城镇化转而成为带动工业化的国民经济和社会发展的发动机，但是以房地产开发和开发区建设为主的大规模简单复制模式显得工业化思维色彩浓厚，缺乏特色内涵。在工业化向中后期挺进、城镇化率过半、城镇化转入下半场的情况下，随着消费升级、生活观念升级、环境诉求升级，人们日益表达出对现有城镇化成果的不满。问题即机会，不满意即方向。新型城镇化究竟新在哪里？这个问题越来越清晰了，那就是能够满足人们更高、更新、更为个性化需求的特色城镇化。

一　问题提出：中国城镇化中的城镇特色问题

（一）何谓特色城镇化

所谓特色城镇化，有两层含义，一是从国家层面，中国的城镇化应根据中国国情，走有中国特色的城镇化道路；二是从地方层面，各地应根据各地的区情实际，突出地域特色和城镇个性，充分利用各自不同的资源禀赋，在充分发挥区域发展潜力的前提下，突出区域特色，发展特色产业，塑造城镇品牌，打造特色功能。中国的城镇化进程，从工业化的副产品开始，到自觉认识到其与工业化相辅相成的作用，也经历了一个从模仿发达国家城镇化过程到立足国情走新型城镇化道路、从追求基本温饱和物质享受到追求个性化消费和精神幸福的进步过程。

（二）从城镇化阶段看城镇特色问题

作为一个产业发展特定阶段的问题来看，城镇特色可以看作是城镇经济和社会发展特定内涵在城镇风貌上的外在表现。也就是说，城镇特色本质上是产业特色及社会特征发展运动的自然结果。新中国成立以来我国城镇化道路按发展动力和特征不同，可大致分为三个阶段。

第一个阶段是工业化带动下的被动城镇化阶段，主要特征是以厂兴城、工厂办社会。自新中国成立以来，我国一直把工业化战略作为优先战略，以"一五"计划为标志，开始了大规模的工业化进程。城镇化作为一个明确概念直到20世纪90年代中期才进入国家战略。这一阶段的前30年是企业办社会的思路，城市发展仅仅是作为为工业化配套解决居住问题的"附属品"而存在的。中央确定了"先生产、后生活、再办公"的发展顺序，在这样的建设思路下，围绕工厂、矿山同步展开了大规模的职工宿舍和住宅的建设。这些职工宿舍和住宅也是有规划的，在空间分布上的主要原则是职住结合，即在哪里建厂矿，就在哪里选址建设家属院、居住区。规模巨大的厂矿则迅速形成城市。随着156项重点工业项目的建设，迅速崛起了一批新兴工业城市，例如，纺织机械工业城市榆次、煤炭新城鸡西、双鸭山、焦作、平顶山、鹤壁等，钢城马鞍山，石油城玉门、大庆，扩建了武汉、成都、太原、西安、洛阳、兰州等工业城市，发展了哈尔滨、长春、鞍山、本溪、齐齐哈尔。最典型的城市是大庆、克拉玛依、酒泉等一批以工矿企业为核心的新兴工业城市，城市居住区、商业区甚至棉毛纺织厂等一些轻工业企业，都是为解决产业工人的生活问题而配套的附属性功能。这样的发展政策被长期执行以后，产业功能和生活、办公功能之间的差距越来越大，城市配套服务功能的严重滞后性已成为城市进一步发展和人民生活进一步改善的瓶颈。

第二个阶段是人口自然增长压力下的城镇建设无序增长阶段，主要特征是低质量建设，是后来棚户区的形成根源。20 世纪 70 年代中后期，随着前两次人口出生高潮进入成年期，居住需求爆发式增长，在国家城市建设能力有限的情况下，不得不放开口子允许城镇居民在工矿生活区用"推、接、扩"的方法进行低质量建设，城市规划建设进入异常无序发展的时期。这些低质量住房仅仅经过大约 10 年，到 20 世纪 80 年代中后期，便已开始进入危房爆发阶段，基本的居住安全都已得不到保障。在这样温饱线以下的城镇化水平上，城镇建设不可能追求什么特色化、个性化，而只能用最低的成本、最高的效率和最简易的方式去满足最基本且高度一致的生活需求。

第三阶段是住宅需求以工业化供应的方式得到满足的阶段，主要特征是房地产业高速增长。1998 年，中国彻底停止福利分房制度，住房商品化作为一种制度被确定下来，各地开足马力发展房地产业。旧的福利分房制度下长期未得到满足的住房需求迅速被释放出来。21 世纪前后，房地产大发展一路在历史文化名城攻城略地，大片历史文化保护区被推平，代之以简单粗暴的"鸽子窝""火柴盒"，甚至大量文物保护单位都以各种借口和手段被摧毁，各地城镇风貌迅速趋同，城镇特色迅速消失。但是，这一时期以简单粗暴的工业化生产住宅的方式，迅速将全国城镇人口人均住房面积由 1978 年的 6.7 平方米增加到 2012 年的 32.9 平方米（见图 1）。我国迅速完成了住房从总量紧缺到总量过剩的转换。

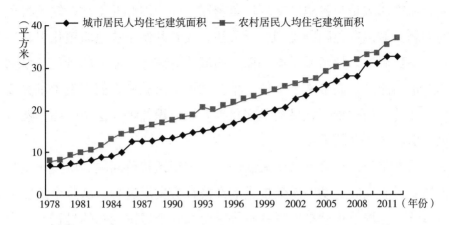

图 1　1978～2012 年我国城市及农村居民人均住房面积情况

　　这三个阶段的城镇化总的特点都是"大城市化"——以大城市吸纳为主，中小城市次之，小城镇发展长期相对滞后。小城镇在改革开放之初曾经有过短暂的辉煌，可以说小城镇是改革开放和新时期城镇化的先锋，在特定的历史阶段起到过极其重要的开创性作用。费孝通先生较早注意到了小城镇的发展潜力，并进行了脚踏实地的调查研究，进而提出了小城镇战略。小城镇战略被提出之后，迅速上升为国家战略。但是小城镇的黄金时期也差不多就此结束。深圳等新兴城市早在 20 世纪 80 年代便一路高歌突飞猛进大发展，北京、上海、广州等老城市反倒发展迟缓。进入 20 世纪 90 年代，中国大城市发展的体制机制障碍逐步被消除，以北上广为首的三大城市群迅速发展起来。自此，大城市化的趋势一发不可收拾，至今城镇化人口仍然大部分被吸纳进这三大城市群中。

（三）从不同角度看特色问题的本质

　　首先是城镇特色问题为什么会如此引人关注。城镇特色本不是一个稀缺的东西。在大规模工业化或者说快速城镇化开始之前及其初期，城镇风貌是与各地区域环境紧密联系的，因此并不存在缺乏特色的问题。城镇特色问题受到广泛关注，大致开始于快速城镇化引起一系列不良后果，如新城千城一面，旧城改造破坏了原来的特色，单调的城市功能给人们带来了不便，单调的城市风貌使人们产生了审美疲劳。在这样的背景下，最初是文化界开始意识并呼吁这个问题，然后迅速引起全社会的关注。

其次是为什么会有众所诟病的一系列城镇特色问题。城镇化就是在城乡矛盾发展运动中向前推进的经济社会发展进程，从这个角度上可以认为，城镇化就是出现并解决一个又一个城镇问题的过程。社会对城镇问题常见的批评主要有以下几点：①千城一面，单调乏味，缺少新鲜感和味道；②文化风貌荡然无存，城市缺乏文化内涵和品质；③城市功能和产业同质化，招商时面临恶性竞争，行业洗牌时本地产业存在极大风险并进而威胁城市经济基础；④缺乏品牌号召力。这些问题大都是城市问题的外在表现和给人的直观感受。那么，其本质是什么呢？从不同的角度，可以看到不同的结果。

从审美角度看，城镇特色问题既可以看作一个审美范畴的文化差异性问题，具有某种超现实性，又是一个发展范畴的问题，是一种和市场化高度相关的区域竞争机制的产物，具有动态性特点。作为一个审美或文化问题来看，城镇特色问题是城镇化进行到一定阶段，人们对单调的城镇风貌产生审美疲劳，对城镇过于粗糙或单一的功能产生不满之后开始注意到的一个问题。文化旅游行业在风貌和文化层面追求城镇特色表现得最为积极主动，因为文化旅游产品主要满足人们的精神需求，追求极致体验和新鲜感，雷同和平庸是文化旅游产品最大的禁忌。从城镇风貌来看，中国古代城市讲求道法自然，天人合一，在具体建设和维护城市的时候受到生产力水平和建筑材料的限制，总是完美地追求以最低的成本实现与环境最佳的融合。也就是说，无论是在城市理论根基层面还是在城市建设运营层面，古代城市都是既与中央礼制相符合，又与实际环境相融合，根本不存在追求特色的概念。

从城市功能角度看，城镇特色是城镇功能的外在表现。一个工业城市，其风貌必然具有强烈的工业文明气息。工业时代的城市规划思想被称为现代主义规划，1933年宣布的《雅典宪章》就集中代表了现代主义城市规划的基本理念和思想。现代主义者基于工业文明的秩序和发展愿望提出城市应当像一台机器，由一个个零件和功能子系统构成一个严密的系统，各个零件和子系统之间要有严密的等级和连动关系，以保持整座城市高效精密运行。典型的现代主义风格城市都是近现代发达的工业城市，如巴黎拉德芳斯、美国底特律，表现在城市风貌上的特点是极简的线条、宏大的体量、冷峻的色彩。在工业化时代，工业城市又被称为"生产的城市"。与之相对应的不从事工业生产的其他类型的城市，被称为"消费的城市"，如美国的拉斯维加斯、华盛顿等。作为消费的城市，城市风貌自然少有工业气息，城市建筑更宜于生活，更易引起消费，表现为色彩绚烂、细节丰富、空间尺度更宜人。

从产业角度看，特色产业决定了城镇的特色。江西省景德镇市是闻名世界的瓷都，陶瓷产业是其支柱产业，也是最具标志性的特色产业，即使不用刻意进行城市设计，整座城市也弥漫着陶瓷艺术的氛围。一般来说，城市越小，产业越单一。大城市因为体量巨大，一般很少出现一个大城市只有一两种支柱产业的情况，所以产业特色对城市的决定性影响更可能发生在中小城市和小城镇。景德镇就是一座只有40多万人口的小城市。近年来，广东、浙江大量出现的专业镇，就突出体现为一镇一业、一镇一品，单项产业优势极为突出，对城镇特色的影响也就十分明显。比如，山东省寿光市的蔬菜产业闻名全国，虽然蔬菜产业不是该市第一大产业，但早已成为寿光的名片，在其他产业乃至全市经济发展中都起到了关键作用；广东省广州市的新

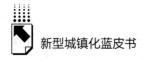

塘镇号称"牛仔裤之都"，有5000多家从事牛仔裤及其相关产业的企业；中山市黄圃镇，以腊制食品为突出特色产业，对家电、五金、农业等其他产业也形成了较好的带动作用。值得注意的是，特色产业往往并非当地最大产业、支柱产业或主导产业，只是特色鲜明、给外界以强烈印象的产业，如景德镇市最大的产业是制冷工业和飞机制造业，其次才是陶瓷产业；寿光市最大的产业是盐化工业、煤化工业、冶金业和造纸业，然后才是蔬菜产业。特色产业在一定程度上体现了区域资源禀赋的特点，但存在以偏概全、误导外界的可能。

综上所述，城镇特色问题是城镇内在的功能、产业或文化内涵问题的外在表现。如果把城镇当作人体，用中医的眼光来看的话，特色缺失说不上是什么"病"，但使人显得缺乏精气神，原因是内在的气血不足或经络不够畅通。追求特色，相当于人追求更加健康、有气质、有精神、有魅力。

二　政策综述：中国城镇化政策对城镇特色的影响

（一）从城镇化政策看发展方式的转变

关于我国城镇化战略是以大城市还是以中小城市和小城镇为重点这一问题，虽然国家从20世纪80年代开始形成以优先发展中小城市和小城镇的战略，但在实践中，大城市却以毫不谦让的态势始终掌握着城镇化进程的主动权。在大城市发展到一定程度以后，大城市病问题开始凸显，于是中小城市和小城镇优先的论调又开始泛起。

我国从1991年全国人大通过的"八五"计划第一次使用"城市化"这个表述。

2001年全国人大通过的"十五"计划开始改称"城镇化"，此表述沿用至今。

2005 年胡锦涛强调，坚持走中国特色的城镇化道路，按照循序渐进、节约土地、集约发展、合理布局的原则，努力形成资源节约、环境友好、经济高效、社会和谐的城镇发展新格局。从此，城镇化开始作为国民经济和社会发展的主要动力，并带动了工业化的进一步发展升级。但同时也存在明显问题：一是城镇化带动的第二次重工业化，仍然是以传统工业为主，产业结构升级不明显；二是在实践中城镇化远远走在工业化和各产业发展前列，缺乏产业支撑的城镇化，透支了未来的发展潜力和环境承载力，部分侵蚀和争夺了实体产业尤其是制造业的资源基础和竞争力，也使得城镇化部分脱离了就业和生活需求，呈现出简单粗暴的运动式特点。这 10 年的城镇化，"四菜一汤"式广场、动辄上百万甚至千万平方米"鸽子笼"式的大楼盘比比皆是，千城一面的审美疲劳和竞争同质化问题严重。

2010 年，中央经济工作会议明确强调，"城镇化是我国现代化建设的历史任务，也是扩大内需的最大潜力所在，要围绕提高城镇化质量，因势利导、趋利避害，积极引导城镇化健康发展"。"要把有序推进农业转移人口市民化作为重要任务抓实抓好。"城镇化开始由重速度向重质量转变。

2014 年 12 月，中央经济工作会议指出，模仿型排浪式消费阶段基本结束，个性化、多样化消费渐成主流。30 多年来，经过一个阶段的高强度大规模开发建设之后，传统产业逐渐饱和，相应的新投资机会大量涌现，并要求创新投融资方式。中央开始从供给侧改革发力，引导经济发展和城镇化由高强度、大规模开发向创新驱动的发展方式转变。

（二）小城镇在城镇化战略中的地位演变

"八五"计划对大、中、小城市的发展策略是"严格控制大城市

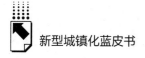

规模，合理发展中等城市和小城市"。另外，还有两处专门提及大城市，即在发展新兴产业和知识、技术产业密集区方面要依托大城市，在大城市稳妥推进证券交易所试点。此时的中央政策，还延续着计划经济时期对大城市的恐惧和谨慎态度，这表明在观念上城镇化仍然是严重滞后和附属于工业化的。

"十五"计划提出："走符合我国国情、大中小城市和小城镇协调发展的多样化城镇化道路，逐步形成合理的城镇体系。"并专门开设一节"有重点地发展小城镇"。费孝通先生提出的小城镇战略开始在中央政策中得到体现。值得一提的是，直到 2007 年颁布的《城乡规划法》，对城镇规划的划分是按照城镇体系规划、城市规划、镇规划三级进行分类的，也就是说，小城市划归城市范畴，而镇则是独立的一级，并没有"小城镇"这一级城镇形态。表明小城镇战略虽然提出很早，但具体落实到规划、执行、管理和技术上过程较为漫长。

1994 年 9 月，建设部、国家计委、国家体改委、国家科委、农业部、民政部六部委联合发布《关于加强小城镇建设的若干意见》。总体意见是把小城镇作为农村工作的一部分进行定义，不但没有把小城镇和城镇化联系起来，还谨慎地反复强调"决不能再走以往城市规模越大、政府包袱越重和城市人口越多、财政补贴越多的老路"，"使用土地要严格履行审批手续，绝不允许没有规划或不按规划乱占滥建、浪费土地"，"严格防止不顾主客观条件一哄而起，遍地开花"。

1998 年 10 月 14 日，中共十五届三中全会通过的《中共中央关于农业和农村工作若干重大问题的决定》对发展小城镇做了专门论述，提出："发展小城镇，是带动农村经济和社会发展的一个大战略。"小城镇战略在中央文件中被正式提出。至此，小城镇战略从学术层面提出到政策层面提出已经十余年。实际情况已经发生了巨大变化，费孝通先生所调研的在大、中、小城市计划经济体系之外遍地开花的小城镇经济，已经基本没有了市场空间，乡镇企业通过自身改制和参与国企改制已经转变为城镇非公经济的重要组成部分——民营经济。

2000 年 6 月 13 日，《中共中央国务院关于促进小城镇健康发展的若干意见》（中发〔2000〕11 号）提出："发展小城镇是实现我国农村现代化的必由之路。"

2014 年 3 月发布的《国家新型城镇化规划（2014—2020 年）》在"重点发展小城镇"一节中提出要通过规划引导、市场运作，将具有特色资源、区位优势的小城镇，培育成为文化旅游、商贸物流、资源加工、交通枢纽等专业特色镇。

2016 年 2 月国务院发布的《关于深入推进新型城镇化建设的若干意见》第十三条"加快特色镇发展"一节中提出发展具有特色优势的休闲旅游、商贸物流、信息产业、先进制造、民俗文化传承、科技教育等魅力小镇，带动农业现代化和农民就近城镇化。

2016 年 7 月 1 日，住房和城乡建设部、国家发展改革委、财政部联合下发的《关于开展特色小镇培育工作的通知》（建村〔2016〕147 号）提出，到 2020 年，培育 1000 个左右的特色小镇，引领带动全国小城镇建设。

从近年中央及有关部委对小城镇的政策看，中央和国家对小城镇化的认识和定位越来越清晰，已经完全摆脱了先前计划经济时期基于对大城市的恐惧而形成的小城镇优先发展倾向，而是把小城镇发展作为新型城镇化更为具体的方向——特色城镇化的重要着力点来制定小城镇战略和政策。

（三）关于城市规划和风貌保护的政策

1982～1994 年国务院共公布了三批 99 座国家级历史文化名城，此后又陆续增补至现在的 119 座。历史名城保护已基本形成"两法一

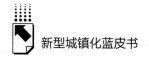

条例"的法律法规体系,"两法"即《城乡规划法》《文物保护法》,是历史文化名城保护的母法;"一条例"即国务院在 2008 年出台的《历史文化名城名镇名村保护条例》。

2014 年 9 月 9 日,习近平总书记在新华社动态清样上做出重要批示:要以传承中国传统文化的高度,重视中国建筑文化的大发展,要努力遏制中国城市与建筑设计上的种种"乱象"。

2014 年 12 月 16 日,张高丽副总理在杭州亲自主持召开城市规划建设工作座谈会,明确提出要"强化城市设计对建筑设计、塑造城市风貌的约束和指导","将城市设计作为一项制度在全国建立起来"。

2015 年 12 月,时隔 37 年,中央召开城市工作会议。习近平总书记在讲话中提出,要加强城市设计,要加强对城市的空间立体性、平面协调性、风貌整体性、文脉传承性等方面的规划和管控。

2016 年《中共中央国务院关于进一步加强城市规划建设管理工作的若干意见》要求提高城市设计水平,体现城市地域特征、民族特色和时代风貌;加强建筑设计管理。按照"适用、经济、绿色、美观"的建筑方针,突出建筑使用功能以及节能、节水、节地、节材和环保,防止片面追求建筑外观形象;保护历史文化风貌;有序实施城市修补和有机更新,解决老城区环境品质下降、空间秩序混乱、历史文化遗产损毁等问题,促进建筑物、街道立面、天际线、色彩和环境更加协调、优美。

国家对城市风貌和文化的保护经历了从点到面再到整体、从笼统到具体的过程。最初公布的三批历史文化名城从总体定位上确立了历史文化名城的保护政策,但 20 世纪 90 年代至 2008 年缺乏有力的具体措施,其间又经历了大规模城镇化,城镇风貌变化很大,历史风貌破坏严重。新一届中央政府在政策上迅速纠正了以前的政策偏差,开始把本属于城市规划具体工作的城市风貌保护和城市设计提到中央政策层面,这个重视程度可以说是新中国成立之后的第一次。

《城乡规划法》规定，各地方在编制城乡规划时，要"保护耕地等自然资源和历史文化遗产，保持地方特色、民族特色和传统风貌"。《城乡规划法》确定了各级自行编制、上级政府审批的原则，国务院对直辖市、副省级城市、计划单列市及省会城市规划进行审批时，通常会在批复中对其城市定位进行明确的认可或要求。

三 战略转变：对中国特色城镇化道路的研判

（一）城镇形态演变的五种力量

中国古代城市文明是世界文明的瑰宝，从世界范围内看，是极具特色并占据重要地位的城市文明。中国城市形态的发展演化，主要在五种力量的消长作用下进行。

1. 自然的力量

中国传统文化讲求天人合一，对自然力量始终保持敬畏之心，城市是人类力量最集中、最渴望改变自然的地方。为避免大自然的报复，中国古代城市建设在风水理论和五行学说等理论的指导下，小心翼翼地维持着城市与自然的和谐关系。自然力量对城市特色的影响，最明显的是平原和山地城市的区别。平原城市是主流，即使是山地城市，一般也会选择一片足够大的平地作为城址，在平地上建设城市，条件相仿，一般形态差别不大，如周王城的棋盘式布局、当代北京的"蜘蛛网"布局，都是在基本不受限制的平地上建设的。确实是平地面积不够大，城市面积又不断扩展的，才会上山，形成山城。依山而建的城市，从面貌上就很难再统一成一种布局。山地城市比较常见的是狭长形布局，如山东济南、广东深圳、四川攀枝花，皆因山区较为低平的地区多为河流冲积而成的峡谷。地势低平的平原是建造城市的最理想地形，对城市建设的自然限制要比山地城市小得多，但其对城市形态的影响仍然能够显现出来。黄淮海平原地区的城市，自古以来有所谓"坑塘文化"，即在城内外均普遍开挖坑塘、人工湖、护城河（较大者形成城湖），原因如下：①这个地区属于黄河冲积扇，方圆几百公里没有山石，建城、建房只能就地取材，以取土烧砖为主要建筑材料；②由于地势低洼，排水缓慢，就需要人工营造起伏，人居相对高处，而水以坑塘辅助蓄排；③此地为先天八卦发源地，基于易经八卦的风水理论，东南方向为兑，代表水流方向，符合中原地势总体西北高、东南低的地势。

2.国家的力量

中国在四大文明古国中拥有早熟文明，即进入文明社会最晚，而文明成熟得却相对较早，其中国家的形成和国家力量主导下城市文明的较早成熟是明确标志。中国古代城市规划理论很早就已成熟和完善，《周礼·考工记》《商君书》《管子》《墨子》等典籍都有不同角度的阐述。概括来说，中国古代城市主要是满足统治者维护封建统治秩序的需要，侧重于政治和军事功能，而经济功能相对薄弱，甚至在大多数时候对工商业予以有意识的限制。这就使中国古代城市实际上类似高度标准化的建筑体系，城市行政级别不同，便有不同的规制，而同一行政级别的城市，则尽量维护同一规制，严禁随意僭越。因此，从城市规划要求的角度说，中国古代城市是天然不追求"特色"而更加追求"统一"的，所谓"特色"，实际上是人力向自然之力妥协遗留的痕迹。国家的统一强盛直接影响着城市的发展。据历史研究估计，中国古代城市化率早在战国时期便达到15%左右，到宋朝时达到了顶峰，约22%。而此后则缓慢下滑，到清朝时严格的城市化率已经不足10%，且大部分城镇人口居住在市镇，属于半农半城的状态。据统计，新中国成立前夕全国共有城市132个，城市人口3949万人，占全国人口的7.3%。其中人口超过100万的特大城市10个。大城市、特大城市全部为近代通商口岸城市，都已经呈现出现代化城市的风貌。新中国成立后的 60 多年，快速工业化带动了快速城镇化，1978 年城镇化率为 17.92%，2015 年更达 56.1%，城市总数量分别达到 194 个和 787 个。1950 年，北京市开始陆续在城墙上开豁口，从 1956 年起大规模地拆除城墙。北京市此举具有极强的示范效应，各地开始纷纷拆除城墙。今天保留完整城墙的城市已是极少，大城市则没有一个保留完整城墙。可以说，城墙曾经是古代国家治理体系在城市建筑上的反映，而今天国家治理体系已经大大不同，各地兴起的复建城墙之举只能说是具有传统文化复兴意味的旅游业建设，与国家治理已没有任何关系。这种完全没有实用价值和坚硬内核的"文化"，也很难成为城市的真正特色。

3. 市场的力量

在中国古代，"城"和"市"起初是分离的，"城"本义是城墙，"市"即市场。城墙围合起来的区域之内，起初并不一定有市。市的产生比城晚，据考证大约始于龙山文化至夏初。城和市结合，即城中开始有市，至晚是在西周。到战国时期，文献中已频繁将"城市"二字连用，表明城中有市已是常态，趋于成词。《周礼·考工记》中的"匠人营国"对都城的规划要求为"前朝后市"，至少说明都城是必须有市的，该书虽然形成于战国时期，但该篇所描述的理想都城，实际上就是西周都城丰镐。从此以后，市场的力量不断成长，几乎成为迄今为止推动中国城市最为坚韧且连续不断的力量，自晚唐以来中国城市形态的大变革几乎都与市场力量的发展有关：晚唐坊巷制开始崩塌，是因为城市商业快速发展，坊市分隔的体制已经无法阻挡繁荣的商业与市民的密切互动；晚明至清朝市镇的兴起，大部分城镇人口由城市转移至市镇，则是人口爆炸、密度大幅度上升、"乡市"① 快于

---

① 即乡中之市。

"城市"① 发展的结果。1901 年，天津都统衙门下令拆除城墙，天津成为中国第一座被拆除城墙的城市；1905 年，湖广总督张之洞认为汉口堡阻碍了城市交通和商业发展，便将其拆除，在老城墙基上修筑马路，此路当时被称为后城马路，也就是今天的中山大道。随后在 1912～1936 年和 1950～1966 年两次掀起拆除城墙的高潮。从表面上看是城市规划建设的变化，从深层看是重型热兵器技术革命的结果，而从根本上看，则是因为近代化工商业市场力量迅速发展，城墙军事防御之利已经远小于其阻碍交通和商业发展之弊。

4. 技术的力量

城市的形状是人和自然之间斗争与妥协的结果，而技术则直接细致地描绘了这个轮廓。最初，有限的技术使城市规模较小，所使用的建筑材料有限，就地取材是建设城市优先考虑的方式。因此，再统一的城市建设标准，都会不可避免地染上清晰的地域色彩，由里到外烙下自然痕迹。

技术总是被优先用于战争，所以战争形态对城市形态的影响是直接的，而技术实际上是借助战争之手塑造了城市。如前文所述，技术和市场力量发展到清朝中叶，许多城市实际已经远远大于城墙以内的面积，更有很多由市镇发展起来的城市根本就没有城墙。太平天国运动是一场冷热兵器交替的农民起义运动，一些没有城墙的城市率先被太平天国攻陷，于是少数地方重新补筑了城墙。但是运动结束后，冷兵器时代结束的趋势已经十分明显，20 世纪初天津、上海、汉口等近现代工商业发达的城市陆续开始拆除城墙。

中国传统城市的形态和风貌，直到解放战争时期还大体保存完整。在北平和平解放前，解放军兵临北平城下时，党中央派人找到了

① 即城中之市。

已经处在解放军控制下的清华大学教授梁思成，请其提供北平文物地图，避免万一必须攻城时破坏过多文物。在后来解放军各部队一路南下的攻城作战中，都携带有梁思成开列的重要文物名单，尽量避免大规模的破坏。但战争总是要破坏的，尤其是城墙，不可能都有北平那样和平解放的条件，守城一方把城墙作为主要的防守建筑——攻城一方就只有破坏了。解放战争中，因为这些城墙，解放军一方多死了不少人。因此，这也在干部和士兵心中留下了仇恨城墙的种子，在新中国成立后拆除城墙的运动中起了一定的作用。但仇恨城墙的心理只能说是拆除城墙的直接因素之一，最根本的还是现代工业和交通在城市中的主导性地位，城墙已经成为与现代城市格格不入的绊脚石。如今，决定城市面貌的主要是建筑和交通技术。强大的技术可能使城市变得千城一面，也可能使地域文化得到最直接的表现。城市特色已经越来越取决于人的群体性格——文化。

用地缘政治学的观点来看，城镇就是政治力量争夺和经营地缘政治优势的焦点。在大陆文明时代，凡有统治世界雄心的陆上帝国必定争夺世界的中心地带，大陆腹地和主要交通线上的城市就是必争之地。进入海洋文明时代，边缘地带学说主导世界格局，位于大陆和海洋交界区位的临海型城市成为各方争夺的焦点和经营的重点，舰船文明和汽车文明是海洋文明的嫡系子孙。相反，内陆腹地及内陆城市反倒成了"草肚皮"。但是高铁和城市轨道交通技术在当代中国被发扬光大，正在深刻改变着中国和世界的地缘政治格局，譬如自古易守难攻、闭塞富庶、自成一体的四川盆地，也因高铁的开通部分改变了其性质。在前高铁时代，城镇之间要么互相孤立要么形成城市连绵带，有了高铁城镇体系，城镇正在向珠链式布局发展。同时，高铁与城市轨道交通有机结合以后，大城市摊大饼式的空间布局也更容易被打破，原来较偏远的卫星城和微中心更容易形成副中心和新城、新区及特色小镇。

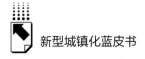

5. 文化的力量

中国在近代是一个积贫积弱、落后挨打的半殖民地半封建国家，文化自信几乎被摧毁。"五四"运动前后开始对中国传统文化的反思是伟大的，但也必然有矫枉过正之处。不论是洋务运动中的洋务派或是通过"庚子赔款"退款留学西方的英美学派，还是留苏学习的苏联学派，所带来的西方和苏联城市规划理论都是迥异于中国传统城市规划理论的。事实上，近代以来发展较快的城市均为沿海或沿长江通过开埠通商发展起来的。西方列强通过通商和建设租界（事实上相当于所在城市的新城或新区），以通商口岸城市为桥头堡，向中国全面输入了西方的规划理论和建设技术，这些通商口岸城市成为中国近现代城市发展的主要学习蓝本。通商口岸城市对中国城市形态的影响极其深远，可以说已经成为中国城市发展新的、主要的基因，直到今天这种影响仍在不断深化和发展。

（二）对特色城镇化趋势的研判

1. 关于城镇化战略重点的观点争议

自从 20 世纪 90 年代城镇化概念明确和普及以来，关于城镇化的趋势和战略方向，围绕大城市还是小城镇，大致形成了三种观点。

一是优先发展小城镇。20 世纪 80 年代初费孝通先生的名篇《小城镇大问题》较早注意到小城镇的异军突起，并通过扎实的实地考察和调研对小城镇兴起的原因、小城镇的产业功能特征进行了研究，预测了其发展趋势。这篇文章对社会和国家政策影响都很大，随后国家若干政策肯定了小城镇优先战略。

二是优先发展大城市。主要基于大城市的明显优势：①聚集效应和规模效应显著，效率高，经济效益好；②集约利用土地水平更高，更节省土地；③基础设施和公共服务成本低，质量好；④大量资源要素大规模聚集和重新组合，创造了无限的发展机会和创新可能，给社会带来巨大的生机，尤其大量人口从农村和中小城市转移到大城市以后，完全重新洗牌了原有的社会结构，彻底冲破了封建残余思想和计划经济落后观念的桎梏。

三是大、中、小城市和小城镇有机结合发展，形成多层次的城镇体系。这是一条折中路线，虽然国家和区域各级城镇体系规划中大多在形式上采用了这种观点，但实质上仍然多倾向或明显将重点放在大城市、特大城市上，因此这一观点在表述上比较成功，在实践上却显得有些尴尬。认真追究起来，大、中、小城市有机结合的理想情况，实际上要面临非常复杂的利益权衡，造成资源配置"撒胡椒面"，效果不明显，又不利于突出特色，往往不利于最优化，决策十分困难。

2. 小城镇战略为什么兴起？

小城镇是在改革开放初，由计划经济向市场经济（商品经济）过渡的过程中出现的现象，其内在动力是大、中、小城市经过近30年的建设已形成完备的计划经济体系，具有极强的发展惯性和改革阻力。而乡镇和农村属于计划经济体系的末端，本来就是体现地方主动性和积极性最活跃的主体，20世纪60年代末70年代初兴起的社队企业，后来到80年代政策环境允许后发展成为乡镇企业，进而到90年代并购了大批改制国营企业形成民营企业。在这样的特殊背景下，在计划经济逐渐松动而释放的市场需求拉动下，新的生产力只有在未建立完备计划体系的乡镇乃至农村才有可能形成。历史传统强镇、名镇及原有的建制镇由于既具备计划经济边缘地位，又具备便利的交通区位条件，在一定辐射范围内可以集聚周边的农产品资源，并进行加工和交易，所以形成了小城镇的暂时繁荣。显然，这一历史条件是很难复制的，也没有理由人为去复制这样的过渡条件。所以，小城镇并没有长期优先发展的可能和必要。现在之所以有很多人仍认为小城镇要长期优先发展，更多是基于欧洲经验。而欧洲小城镇成为城镇人口承载主体的现状是其历史上城堡经济和城邦体制的自然延续，中国完全没有这样的传统，借鉴意义并不大。那么，是不是小城镇优先战略就不适合中国呢？这倒不一定。但小城镇在中国有什么优势，会不会成为未来城镇化的重点方向？这需要从更根本的动力结合中国的国情实际进行深入分析。

3. 特色小镇迅速升温意味着什么？

2016 年，特色小镇突然热度上升，几乎是没有征兆和预热过程地达到了炙手可热的程度。虽然特色小镇是不是之前所指的小城镇尚有一些争议，但显然有着极为密切的联系，其差别只是取决于理念和政策需要向哪个方向引导。我们思考一个问题：为什么是特色小镇，而不是特色城市，更不是特色大城市？

第一，我国经济发展进入新常态。新常态下，模仿型排浪式消费阶段基本结束，个性化、多样化消费渐成为主流。从某个角度说，大中城市和中小城市、小城镇的根本区别是基础设施和公共服务的完善程度的差别。公共设施和公共服务（又可统称"公共产品"）满足的是所有人或大多数人基本的、非排他性的需求，消费规模越大，消费者越密集，公共产品的利用率和效率越高，经济效益和社会效益也越大。在大城市，由于人口众多且高度密集，即使相对少量的公共需求也可以达到规模化生产的经济规模，这是大城市比中小城市和小城镇基础设施和公共服务水平高、体系完善的主要原因。但公共产品只是满足公共基本需求，即大量人口的需求交集，那么，它就不可能满足个性化需求。人口规模越大，个性化需求被忽略得就越多。

第二，房地产拐点显现。不管是规律使然还是政策强制转型，房地产市场都不可能再无限得到政府的无条件支持和社会的全力消费支持，尤其是以大中城市为主力的大规模、标准化的住宅，总供给早已超出总需求。但目前还不能说居住需求得到了较好的满足，一是结构性紧缺与实际支付能力存在矛盾，二是更高、更个性化的居住需求开始膨胀，但供给远远不足。在此轮特色小镇热中，有房地产商喊出

"穷人进城、富人下乡"的口号，在大城市周边郊区乡镇建设别墅、庄园等个性化住宅，这类需求是不可能在大城市中心城区得到满足的。

第三，城镇化进行到下半场，纯单向的城镇化开始向城镇化/逆城镇化双向同时进行的优化过程转变。逆城镇化并不可怕，并不意味着城镇化进程总体结束，而是优化过程开始的标志。从目前特色小镇的关注度来看，大城市周边郊区的小城镇是第一波被关注的热点地区。这说明特色小镇的目标人群和需求动力主要来自大城市。但是同时也意味着，此轮热点小城镇在产业和功能上的独立价值不是主要的，为大城市拓展个性化发展和居住空间的功能是主要的，产业上为大城市提供配套是主要的。大城市周边的特色小镇发展起来后，一部分高收入阶层选择特色小镇作为第二居所，大城市部分就业人员选择流入小城镇和返乡创业人员选择返回家乡小城镇，会带来城镇体系在空间、功能、产业和人口结构上的优化。

第四，城市消费者的持续分化将推动特色城镇化持续演进。20世纪 90 年代中期以来中国城镇化实际上走的是一条大城市化路线。从中国城市历史来看，大城市经济和小城镇经济都具有深厚的传统。中国古代很早就出现了世界级的超级大城市，北宋都城东京是人类历史上第一个人口超过百万的大城市，紧接着，北宋灭亡后才几十年，南宋都城临安又成为第一个人口超过 200 万的大城市。而此时西方各国城市最大规模才不过十余万人。从大城市形成的早期机制看，主要是国家行政力量集中资源的能力。市场的力量能够形成的最大的城市大体可以当时西方大城市为标杆。那时，中国的城市大致可以认为是在市场力量主导下形成的，最大的城市则可以认为是市场力量支撑城市规模所能达到的最大规模。据历史记载，中国四大名镇之首朱仙镇在明末清初鼎盛时期有 4 万户约 20 万人。中国古代城市和西方城市形成的机制相似，基本上都是依靠商业支撑。根据《中国城市统计

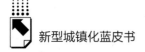

年鉴2015》的统计数据，我国共有超过100万人口的特大城市90个，这90个特大城市的市区二产比重算术平均数为47.07%，而68个人口在50万以下的中小城市（地级市以上）市区二产比重算术平均数则为50.29%，也就是说，大城市的消费经济所占比例更高。

大城市的本质是一个平台，即所谓的平台型城市。平台型城市的特征就是：大、机会多、要素齐全、内部要素组合变化频繁，这样的环境非常有利于原始创新的产生，非常适合年轻人、创业者、高端产业和擅长集成创新的大企业。

相对于大城市的平台性质，小城镇更像一个量身定做的容器，它只适合特定的、少数的个人和企业。从产业分工角度看，小城镇的主要特点是专业化。对于已经选定了机会的个人和企业来说，要进一步发展和低成本运营，小城镇就是很好的选择。都说欧美的小城镇建设得好，很多大企业都在小城镇里，比如，沃尔玛总部在阿肯色州的本顿维尔，人口不到2万；麦德龙总部在德国鲁尔区的小城市杜塞尔多夫，人口只有50多万。这种小城镇支撑大产业长期发展的现象，其实都是工业化完成以后产业不断地域分化并各自巩固优势的结果。

四　结语

不管是大城市还是小城镇，有产业支撑才更容易经久不衰。在工业化前中期阶段，产业集群和规模效应是产业发展的主要动力，大城市很好地体现了这一点。大城市的核心优势主要有两点：效率和机会。其中效率随着大城市病的加重而加速衰减，机会则随着城市规模的扩大始终有增无减。如今，在大城市各种弊端已经充分显现的情况下，其吸引力依然强盛，机会已经成为主要的吸引力。

从城市消费者角度来看，城镇特色就是城市消费者分化的结果，而城市消费者的分化又是内外因共同作用的结果。内因方面，分化是由于城市消费者自身的秉性，包括个体属性和群体属性。从根本上说，城镇特色正是人的群体性格的外在反映。外因方面，城镇的属性反过来形成了对特定人群的吸引力，其中吸引力较强、特征较鲜明、更易于被人所感受和认可的属性，便发展成为城镇的特色与核心竞争力。

从合作与分工的角度来看，特色城镇化的本质是基于社会分工与合作日益深入的必然结果。当前，我国经济和社会分工日趋精细化，文化日趋多元化，不同城市在功能上各有不同，互相补充，大城市和小城镇的关系也是如此。在大城市的规模效应已经达到一定水平，边际规模效益接近临界点的情况下，有必要对既往城镇化中的不足进行反思，提高效率和品质的方向主要不是进一步扩大规模，而是进一步的优化分工合作关系。大城市和小城镇要以系统方法为基本方法，更准确定位各自的功能和产业，大城市进一步突出平台作用，小城镇突出特色，以此不断调整分工合作关系，优化城镇体系，推动新型城镇化向着特色城镇化和高品质城镇化的方向健康发展。

参考文献

［1］费孝通：《小城镇大问题》，《江海学刊》1984 年第 1 期，第 6 ～ 26 页。

［2］张绍红、王雷雷、阎东彬：《国外城镇化发展模式及对中国的借鉴与启示》，《世界农业》2014 年第 2 期。

［3］吴军：《大城市发展的新行动战略：消费城市》，《学术界》（合肥）2014 年第 2 期，第 82 ～ 90 页。

［4］黄新文：《我国小城镇发展现状与发展战略研究》，中国乡村发现网，2010 年 3 月 30 日。

［5］石楠：《小城镇规划地位的历史性转变》，《北京规划建设》2008 年第 2 期，第 15 ～ 20 页。

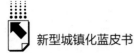

［6］吴松弟：《通商口岸与近代的城市和区域发展——从港口—腹地的角度》，《郑州大学学报》（哲学社会科学版）2006 年第 6 期，第 5～8 页。

［7］赵德馨：《中国历史上城与市的关系》，《中国经济史研究》2011 年第 4 期，第 3～12 页。

［8］田德文：《欧洲城镇化历史经验的启示》，《当代世界》2013 年第 6 期，第14～19页。

［9］谢振东：《国外和台湾地区城镇化的典型模式及其启示》，《国家行政学院学报》2013 年第 3 期，第 114～117 页。

［10］周劲松：《特色城镇化模式的实践与思考》，《安徽建筑》2016 年第 2 期，第 9～11 页。

［11］文尚卿：《浅析中国特色城镇化道路的内涵及实现路径》，《消费导刊》2010 年第 5 期，第 208～251 页。

［12］童玉芬、武玉：《中国城市化进程中的人口特点与问题》，《人口与发展》2013 年第 4 期，第 37～45 页。

B.2
特色城镇化：新型城镇化从方向
到路径的重心转移

石 崧*

摘 要： 中国"时空压缩"式的快速城镇化逐渐暴露出一系列城市病问题。基于对既往路径的反思，2014年国家新型城镇化规划颁布，2015年中央城市工作会议召开，新型城镇化业已成为推动国家社会经济转型的重要抓手，并通过一系列政策和规划，逐步形成方向性的共识与基本价值判断。日渐清晰的新型城镇化发展导向更需要切实的路径践行，有必要将叙事逻辑从新旧方向之议，转至从面到点的路径之议。无论是从全球潮流趋势研判的角度，还是从国家区域特征和地方文化差异的角度审视，在现阶段提出从新型城镇化到特色城镇化的语境转换具有鲜明的时代价值与实践意义。由此，本文给出特色城镇化的基本概念和内涵的描述。为了更好地探索特色城镇化的发展路径，借鉴联合国人居署搭建的可持续城镇化的行动框架，构建一个包括产业经济、社会结构、生态环境、文化特质、空间格局和公共政策六大要素在内的特色城镇化的分析架构。最后，以特色小镇为剖析对象，对照上述行动框架的可操作性。

---

* 石崧，理学博士，高级工程师，注册规划师，上海市城市规划设计研究院发展研究中心主任。

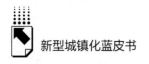

关键词：　新型城镇化　特色城镇化　行动框架　路径探索

据国家统计局公布的数字显示，2016 年末，中国城镇人口达到 7.93 亿，城镇化率达到 57.35%。这意味着中国社会由此迈入"城市世纪"。党的十八大以来，随着中央城市工作会议的召开，以及《国家新型城镇化规划（2014—2020 年）》《中共中央国务院关于进一步加强城市规划建设管理工作的若干意见》等一系列规划和政策文件的出台，"新型城镇化"成为当下中国社会经济领域的重要关键词。无独有偶，2016 年 10 月在厄瓜多尔的基多召开的联合国"人居三"大会上讨论展望未来 20 年发展的《新城市议程》时，也明确提出"到 2050 年，世界城市人口预计将接近翻番，使城镇化成为 21 世纪最大的变革趋势之一……抓住城镇化发展的机遇，将其作为永续、包容经济增长，社会和文化发展，环境保护，转型发展和永续发展的引擎"。可以说，城镇化是全世界——而不仅仅是中国——21 世纪发展的必由之路。面对过往 30 多年城镇化发展的利弊得失，中央审时度势提出"新型城镇化"的战略，是顺应时代发展潮流、推动国家经济转型、稳步走向民族伟大复兴的重要环节。在明确"新型城镇化"战略方向的前提下，实践过程中各地方还需要进一步结合各自的历史文脉和区域地脉特点，探索不同城镇各具特色的城镇化道路。未来中国城镇的发展，势必会从"新型城镇化"的方向性引领路径过渡到"特色城镇化"的实践性路径，从而真正探索出一条具有中国特色的城镇化道路。

一　中国的城市病问题

中国的城镇化路径在 20 世纪 80 年代才逐渐步入正常的发展轨

道。但在相当长的时间内仍以严格控制大城市规模为主要的政策导向。20 世纪 90 年代以后，中国加快融入经济全球化进程，城镇化进程才开始全速前进。城镇化的推动主体也从之前政府主导的自上而下的模式转变为政府、企业、个人多元化的行为主体共同推动的模式。近 20 年来，虽然中国城镇化进程迅速发展，城镇建设成效明显，城乡一体化发展取得一定的进展，但仍然暴露出诸多突出的问题。从宏观层面来看，当前较为突出的是以下四方面的矛盾。

（一）粗放型低水平城镇化与资源环境的矛盾日益突出

改革开放以来，中国长期实施赶超战略，采用以追求成长速度和经济总量为导向的发展模式，在带来城镇化高速增长的同时也不可避免地带来城镇发展模式的粗放。其突出的特征就是土地城镇化的速度要远远超过人口城镇化的速度。事实上，伴随快速工业化和城镇化而来的不仅仅有土地资源的快速消耗，还有包括土地资源、水资源、能源在内的各类资源的综合承载力的下降，使生态、环境面临的压力越来越大。近年来 PM2.5 作为学术术语进入公众视野就是一个佐证。因此，如何平衡经济发展与资源、环境承载力已成为亟待破解的突出问题。

（二）城乡差距较大导致城乡二元化的矛盾并未根本改善

在改革开放以前，长期的工农产品"剪刀差"和户籍壁垒形成城乡二元化的格局。30 多年来，这一突出矛盾仍然存在且演化成新的形式。其主要原因在于注重城市规模增长和经济发展速度的同时却忽视了农村地区的建设。农村青壮年劳动力被吸引并高度集中于城市，而广大农村地区经济基础薄弱，发展滞后，在教育、文化、卫生、社会保障、科技等方面，农村与城市存在明显差距。而在城市中，户籍壁垒导致"准城市化人口"大量存在，国家整体城乡二元结构特征向城市社会内部转移。破解二元化结构矛盾涉及社会、经济、环境等方方面面，也是推动中国城镇化下一步发展所必须要解决的关键问题。

（三）区域发展过程中东中西部不平衡的矛盾仍然存在

中国地域广阔，各地经济发展水平历来存在较大差异。1990 年以来，沿海地区因率先融入经济全球化的进程而得到较快发展。2010 年"六普"的数据显示（不包括港澳台地区），东部沿海地区的城镇化水平较高，中部地区其次，西部地区的城镇化水平最低。而在 2000 ~ 2010 年，长三角、珠三角、京津冀三大区域的常住人口年均增长率多在 2% 以上，而中西部地区的湖北、四川、重庆、贵州等省份则因人口净减少而成为"人口漏斗"区。如何平衡区域发展，在合理空间分工格局下促进东、中、西部地区协调发展已成为难以回避的问题。

（四）经济速度至上的城镇化导致发展特色缺乏的矛盾彰显

过去近 40 年，中国经济社会的跨越式发展产生"时空压缩效应"①。在这一历史进程中，很多地方的城镇建设与发展也逐渐陷入了一味追求经济增长速度的误区，从而出现城镇化进程与社会经济发展不协调所导致的结构性失衡，突出表现在以下两个方面：一是对于城镇历史文化遗存的漠视，甚至很多地方拆掉真古董、复建假古董，大搞"建设性破坏"；二是罔顾地方自然地理环境，填水造地，削山造地，片面追求大广场、大马路、高楼高架的建设模式，地方特色渐渐模糊，城镇面貌日益趋同。

---

① 时空压缩效应：由地理学家大卫·哈维提出，指由于社会经济的快速发展，引发的某一国家或者区域同时在时间和空间维度上的压缩发展效应，从而引发新的社会经济和环境现象和问题。在此主要指中国改革开放近 40 年来的高速发展过程中产生独特效应。

二 新型城镇化的战略要义

针对改革开放以来中国城镇化发展过程中所暴露的矛盾和问题，党的十八大报告提出，全面推进社会主义经济、政治、文化、社会、生态"五位一体"的总体布局，坚持新型工业化、城镇化、信息化和农业现代化道路。这标志着新型城镇化已经上升为国家战略，是我国最大的内需潜力和发展动能所在，成为打造"中国经济升级版"的助推器。

（一）政策导向

站在当下国家转型发展的历史关口审视中国的城镇化战略走势，新型城镇化命题无疑是问题导向下的战略反思，其立意正是要通过与新型工业化、信息化和农业现代化的交互作用，规避既有城镇化发展路径暴露出的问题。《国家新型城镇化规划（2014—2020 年)》明确提出，紧紧围绕全面提高城镇化质量，加快转变城镇化发展方式，以人的城镇化为核心，有序推进农业转移人口市民化；以城市群为主体形态，推动大、中、小城市和小城镇协调发展；以综合承载能力为支撑，提升城市可持续发展水平；以体制机制创新为保障，通过改革释放城镇化发展潜力，走以人为本、四化同步、优化布局、生态文明、文化传承的中国特色新型城镇化道路。在《国家新型城镇化规划（2014—2020 年)》颁布后，党中央和国务院又召开了中央城市工作会议，并在 2016 年先后发布了《中共中央国务院关于进一步加强城市规划建设管理工作的若干意见》和《国务院关于深入推进新型城镇化建设的若干意见》。研读上述文件会发现，2014～2016 年，国家层面一系列关于中国城镇化的政策文件和规划方针是一脉相承的，使新型城镇化的战略导向与特征内涵日渐清晰。

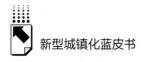

（二）特征内涵

国家早在"十二五"规划中就已经提出要加快转变经济发展方式。在城镇化率已超过50%的新阶段，社会、经济、环境等方面的新发展、新动态势必会反映在空间上。剖析中央政策文件，可将新型城镇化战略定义为在生态文明趋势背景下，坚持以人为本，以新型工业化为动力，以五大发展理念统领区域协同和城乡统筹，通过加强城市规划建设和激活体制机制活力来全面提升城镇化质量和水平的发展路径。"新型"的特征内涵突出体现在三个方面：一是发展的新理念，即树立创新、协调、绿色、开放、共享的发展理念，以人的全面发展为城镇化的第一要义，实现从偏重土地的城镇化向重视人的城镇化转变，强调人口、资源、环境和经济发展相协调的城镇化；二是空间的新格局，即注重将城市群作为国家层面城镇发展的新形态载体，实现从单一城市用地粗放扩张向城镇组群功能网络和空间集约转变，推动大、中、小城市与小城镇协调发展的城镇化；三是治理的新机制，重点是在户籍制度和土地政策两大领域探索制度创新，实现从城乡二元向城乡统筹转变，重视人口集聚、市民化和公共服务协调发展的城镇化。

（三）语境转换

当明确新型城镇化的战略方向后，在策略层面更需要进一步探索具体的实施路径。知易行难，在迈入"十三五"规划的转型关口提出特色城镇化的新命题，无疑是在新的时代背景下对新型城镇化内涵的一个丰富和提升。其价值在于明确发展方向的前提下开始引导理论和实操的不同层面转而关注从面到点的路径探索。所谓特色城镇化，其实是顺应新型城镇化内涵型、特色化的发展特征，强调不同等级规模、空间地域的城镇，在尊重各自的历史文脉传承和自然地脉特质的基础上，在目标定位、产业格局、空间组织、规划建设乃至制度设计等方面探索各具特色的发展路径。从全球层面审视，步入后工业化时代的城镇发展开始逐渐摆脱工业化时期标准化、规范式的开发建设模式，转而注重特色化、差异化的特性彰显。从国家层面分析，中国广袤的疆域产生的地理差异也决定了城镇发展首要尊重地脉和文脉的特质。最典型的莫过于"胡焕庸线"的地理分隔，倡导生态文明和文化传承的新型城镇化必然形成特色城镇化的发展路径。从地方层面研判，中国悠久的城镇发展历史形成了缤纷多彩的地方文化差异，建筑、饮食、民俗，不一而足。文化底蕴的积淀、文化品牌的塑造、文化认同的建立，这一切正促使鲜明的文化特质成为城镇发展不可或缺的软实力。综上所述，特色城镇化命题的提出顺应全球城市竞争和阶段转型的时代特征，契合创新、协调、绿色、开放和共享的五大发展理念，有利于塑造地方发展的文化特质，具有鲜明的时代价值与实践意义。

三　特色城镇化的路径探索

联合国人居署 2002 年在《可持续的城镇化：沟通环境议程和发展议程》的研究报告中提出一个可持续发展的多维行动架构。在该框架包括产业经济、社会服务、生态环境、空间格局和公共政策五个维度相互支撑的体系基础上，补充文化特质的要素，从以下六个方面形成分析特色城镇化的多维行动架构（见图1）。

（一）产业经济

产业经济始终是特色城镇化发展的基本动力。正如新型城镇化需要新型工业化的推动，特色城镇化也有赖于构建各具特色的地方产业经济体系。从发展阶段看，中国经济已经步入新常态，粗放型发展模

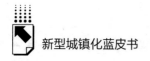

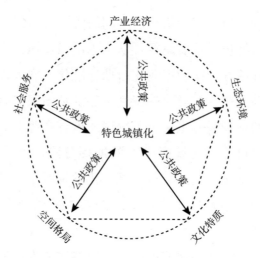

图1 特色城镇化的多维行动架构

式从根本动力上已经发生转折性变化。面对既有的需求侧政策已经出现动力不足的现实，中央提出"供给侧结构性改革"的总体思路，从消费需求的角度来打造供给侧的新动力。有别于工业化时代需求侧产业政策的规模化、标准化和竞争型的产业发展态势，后工业化时代供给侧产业导向更加强调地方产业特色的彰显和经济创新能力的锻造。城市要形成"人无我有、人有我新、人新我特"的产业格局，需要着力在三个方面下功夫：一是把握知识经济的时代趋势，聚力科技创新形成新的产业竞争优势，培育经济发展新动能，比如，贵州省贵阳市近年来大力推动大数据产业发展，成为城市新的支柱产业；二是在既有特色优势主导产业集聚高端要素，促进产业链、创新链、人才链和资本链的紧密耦合，培育一批有竞争力的产业集群；三是依托本土化特色农副产品和传统手工艺，通过科技创新提高农副产品增加值，通过文化创意焕发传统手工艺的活力，打造产业升级新平台。

（二）社会服务

社会服务是实现特色城镇化的基础支撑，这与新型城镇化规划强调的"以人的城镇化"基本宗旨以及五大发展理念突出的"以人民为中心"核心要义一脉相承。在新型城镇化方向的引领下，特色城镇化在社会服务领域的特色创新，旨在解决"三个一亿人"的问题：促进约一亿人"农转居"，着力推进城镇基本公共服务常住人口全覆盖，通过保障农业转移人口与城镇居民在公共服务层面享有同等权利、履行同等义务，推进这部分人口的市民化；改造约一亿人居住的城镇棚户区和城中村，重点推进旧住宅小区综合整治、危旧住房和非成套住房改造，通过将城市更新的理念引入棚户区和城中村改造中，使这部分城镇居民能够均等化地享有便捷完善的设施服务；引导约一亿人在中西部地区就近城镇化，针对中西部地区城镇社会服务水平较低的现状，丰富公共服务新供给、完善基本服务配套，包括医院、学校和各类文体设施，构建便捷"生活圈"、完善"服务圈"、繁荣"商业圈"。特别要指出的是，针对中国大城市普遍存在的老龄化的基本态势，社会服务领域要特别重视为老服务，建设以居家为基础、以社区为依托、以机构为补充的多层次养老服务体系，推动生活照料、康复护理、精神慰藉、紧急援助等服务全覆盖，加快推进住宅、公共建筑等适老化改造。

（三）生态环境

良好的生态环境是特色城镇化的底线和立足点。按照国家对新型城镇化道路的总体要求，其核心要义就是要将生态文明的理念和原则全面融入城镇化的全过程。特色城镇化就是有别于一味追求城镇化的速度而以牺牲生态环境为代价的路径，走出一条生态为先、环境为本的绿色低碳城镇化道路，重点聚焦以下三个关键词。一是保育。就是将保护自然环境、维护自然过程作为各项工作的基础，通过划定生态保护红线、划定城市开发边界来明确城镇空间的底线。正如帕特里克·格迪斯在其《进化中的城市》一书中所言："城市必须不再像墨迹、油渍那样蔓延，一旦发展，它们要像花那样呈星状开放，在金色的光芒间交替着绿叶。"二是修复。一方面是对于自然生态环境和植被风貌破损严重的城市空间加大生态修复力度，重点聚焦工业废弃区、荒废土地以及环境退化的地带；另一方面是强化水环境、大气环境和土壤环境的治理，按照"青山绿水也是金山银山"的思路建立起城市生态环境的四梁八柱。三是协同。也就是从产业经济格局、城镇建设强度、资源利用结构、能源开发方式，乃至环境保护意识等角度出发，将生态文明的要求真正融入城镇发展的方方面面。

（四）文化特质

文化特质是特色城镇化的内核与神韵。联合国在设计新千年可持续发展的六大领域时，"文化与发展"赫然在列。文化发展战略，通过保护城市文化遗产有助于培养地方身份的归属感和认同感，而融合了文化的规划和开发项目则增加了城市地区的经济机会和提高生活质量。更为重要的是，城市是向市民提供文化服务的中心，让市民便捷地获取文化服务和参与文化生活是实现包容性可持续发展的最佳途径。特色城镇化的发展路径中彰显文化特质需要关注文化产业、文化设施和文化遗存三个层面。就文化产业而言，知识经济时代文化创意产业是转变经济发展方式和提升城镇功能的新引擎与制高点。经济的转型需要文化消费的拉动，产业的升级需要文化创意的服务力，而城镇的品牌更需要文化魅力的彰显。就文化设施而言，这是市民进行文化活动的重要载体和主要场所，城镇不仅需要有其标志性的文化设施，而且需要具有一批惠及群众、均衡设置的公共文化设施服务网点。就文化遗存而言，物质和非物质文化遗存关乎城镇文化积淀的存续与发扬，要特别珍视历史建筑、历史街区、历史文化名镇名村，应通过完整保护与合理开发相结合，赋予这些物质文化遗存新的活力。

（五）空间格局

空间格局是特色城镇化的核心载体。产业经济、社会服务、生态环境、文化特质等领域的新要求和新变化最终都会投影反映在地理空间上。特色城镇化的空间格局有别于以往的格局，重点体现在以下四个方面。首先，要体现从粗放扩张向集约低碳转变。特色城镇化的"特"不是为特而特、为新而特，而是以提升城镇内涵和生活品质为实质。其次，要体现从城乡二元向城乡统筹转变。特色城镇化要打破传统城乡二元的结构，由原来的"重城轻乡""城乡分治"，转变为城乡一体化统筹发展，让农村居民在生活方式、居住环境上享受与城市居民均等的待遇。再次，要体现从千城一面向特色彰显转变。特色城镇化就是要在城市开发建设过程中充分尊重自然地理格局和民俗特点，从整体平面和立体空间上统筹城市建筑布局，协调城市景观风貌，体现城市地域特征、民族特色和时代风格。最后，要体现从产城分离向产城融合转变。特色城镇化的基础在于特色产业，在知识经济时代产业融合的趋势带动下，工业化时代功能主义的产城分离式空间布局也势必逐步转变为产城融合下的功能复合式城镇形态。

（六）公共政策

公共政策是特色城镇化的重要实施渠道。目前顶层设计层面一系列前瞻性政策法律已经扭开了释放特色城镇化发展新动力的阀门，需要抓住地方立法赋权、城市社会治理和空间规划三大政策工具。2015年3月，全国人大颁布了《立法法》（修正案），赋予全国设区的共284个城市地方立法权，主要权限范围在城镇建设等领域。地方立法赋权对于区域发展新动力和实现城市特色化、差异化发展无疑具有重大意义。与此同时，国家新型城镇化规划中提出加强和创新城市社会

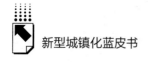

治理以来，以多方主体参与城市治理为根本目的的 PPP 模式开始从政策导向转为实施举措，参与主体的多样化决定了利益诉求的多元化，也会相应地转变当前城镇建设中决策"一言堂"、技术标准"一刀切"、建设方式"推平头"等简单粗暴的局面，是推动特色城镇化的必要条件。此外，必须重视空间规划作为城市政府主动配置社会经济各方面资源，尤其是土地和基础设施等战略性空间资源，从宏观层面统筹协调、引导社会经济活动的重要公共政策的作用。一方面，作为法定性指导建设行为的政策工具，从底线约束的角度保育自然地理格局、尊重地形和河道山体等地脉要素，将建设活动限定在城市规划所确定的方向和范围内；另一方面，通过加强城市设计工作，更多地满足居民个性化需求，使城镇细节日益丰富和精致，逐步彰显城镇特色。

四　特色小镇的实践试水

展开对特色城镇化的讨论，势必会联系到近年来热议的另一个议题——"特色小镇"。源于浙江省的创新探索，后又上升为国家层面的一项重要政策的特色小镇，是当前特色城镇化在村镇层面的重要试水，也对整体性思考特色城镇化路径具有启发性的参考价值。

早在 2014 年的浙江省政府工作报告中就提出"在全省建设一批聚焦七大产业、兼顾丝绸黄酒等历史经典产业、具有独特文化内涵和旅游功能的特色小镇"。此后，浙江省先后颁布《浙江省特色小镇创建导则》，并在全省集中建设 37 个特色小镇。2016 年，国家发展改革委先后发布《关于加快美丽特色小（城）镇建设的指导意见》和《关于实施"千企千镇工程"推进美丽特色小（城）镇建设的通知》，提出到 2020 年，培育 1000 个左右各具特色、富有活力的休闲旅游、商贸物流、现代制造、教育科技、传统文化、美丽宜居等特色小镇。同年 10 月 10 日，住房和城乡建设部正式公布北京市房山区长沟镇等 127 个第一批中国特色小镇。此后，各省份先后颁布各自创建特色小镇的实施方案。

从图 1 的特色城镇化的多维行动架构对上述国家和省级层面特色小镇相关政策加以梳理，可以进一步明晰特色城镇化的发展路径。一是产业建镇。在《国家特色小镇认定标准》中对于特色小镇的首要要求就是产业要有特色，每个特色小镇都需要有一个特色主导产业，以产促镇、以镇兴产、产镇融合。二是以人为本。城镇内完善的基础设施和公共服务是特色小镇的基本要求，也是吸引力所在。三是绿色引领。在江苏省发改委印发的《关于培育创建江苏特色小镇的实施方案》中，明确要求特色小镇原则上要按 3A 级以上景区标准规划建设，旅游风情小镇原则上要按 5A 级景区标准规划建设。四是文化传承。《浙江省特色小镇创建导则》中鼓励实现产业、文化、旅游与一定的社区功能有机融合，《国家特色小镇认定标准》也认为彰显特色的传统文化关乎小镇文化积淀的存续与发扬。五是空间载体。在江苏省和浙江省的特色小镇推进方案中都明确规划面积一般控制在 3 平方公里左右，建设用地面积为 1 平方公里左右，强调节约用地，集约化提升土地产出效益。六是市场主导。突出企业为主体、市场化运作，多元化构建小镇建设主体，鼓励社会力量参与城镇建设运营和管理，创新运营管理体制和投融资机制，而不是政府大包大揽的行政平台。

五　结语

综上所述，特色城镇化是对中国特色新型城镇化战略的实践探索。以特色小（城）镇为突破点，各部委、各地区都在探索符合实际、因地制宜的特色城镇化路径。基于地方历史文化传承、自然地理格局和产业发展特征，践行五大发展理念，按照产业、社会、生态、

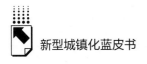

文化、空间、政策六个维度的行动架构，不忘初心、务实前行，方能
开拓新型城镇化的崭新格局。

参考文献

[1] 宁越敏：《新城市化进程：90年代中国城市化动力机制和特点探
讨》，《地理学报》1998年第5期。

[2] 宁越敏：《中国的城市化、问题及治理研究》，《南京社会科学》
2012年第10期。

[3] 宁越敏、石崧：《从劳动空间分工到大都市区空间组织》，科学出
版社，2011。

[4] 国务院发展研究中心课题组：《中国城镇化：前景、战略与政
策》，中国发展出版社，2010。

[5] 上海市规土局、上海市城市规划设计研究院：《转型上海规划战
略》，同济大学出版社，2012。

[6] 魏后凯：《中国城市化转型与质量提升战略》，《上海城市规划》
2012年第4期。

[7] 武廷海、张城国、张能、徐斌：《中国快速城镇化的资本逻辑及其
走向》，《城市与区域规划研究》2012年第2期。

[8] 石崧、黄普、卢柯、林华：《上海国际文化大都市发展规划战略探
索》，《上海城市规划》2012年第3期。

[9] 石崧：《对中国新型城镇化与城市规划转型关系的再认识》，《城
市发展与规划国际论坛大会论文集》，2012。

[10] 石崧：《资本循环与竞争优势：上海城镇化发展的瓶颈剖析》，
《上海城市规划》2014年第1期。

[11] 《国家新型城镇化规划（2014—2020年）》，http：//www. gov. cn/
gongbao/content/2014/content_ 2644805. htm，2014年3月16日。

[12] 《中共中央国务院关于进一步加强城市规划建设管理工作的若干
意见》，http：//www. gov. cn/zhengce/2016 – 02/21/content_ 5044367.

htm，2016 年 2 月 21 日。

[13]《关于深入推进新型城镇化建设的若干意见》，http：//www. gov. cn/
zhengce/content/2016 – 02/06/content＿ 5039947. htm，2016 年 2
月 2 日。

[14]《浙江省特色小镇创建导则》，杭州市发改委网站，http：//www.
hzdpc. gov. cn/ztzl/ztzl＿ tsxz/ztzl＿ tsxz＿ zcwj/201510/t20151023＿
39097. html，2015 年 10 月 23 日。

[15]《关于加快美丽特色小（城）镇建设的指导意见》，国家发展改革
委 网 站，http：//www. sdpc. gov. cn/zcfb/zcfbtz/201610/t20161031＿
824855. html，2016 年 10 月 8 日。

[16]《关于实施"千企千镇工程"推进美丽特色小（城）镇建设的通
知》，http：//www. gov. cn/xinwen/2016 – 12/13/content＿ 5147553.
htm？allContent#2，2016 年 12 月 13 日。

[17]《关于培育创建江苏特色小镇的实施方案》，江苏省发改委网站，
http：//www. jsdpc. gov. cn/zixun/twjd/201701/t20170113＿ 426341.
html，2017 年 1 月 18 日。

B.3

立法推动特色城镇化

李 伟　单红松*

摘　要：　新型城镇化之新在于创新，特色城镇化的实质是创新
型城镇化。并非所有的创新都是用来推广普及的，更
多的创新是针对区情实际所采取的特色做法。地方立
法权的扩大正是开启新型城镇化和特色城镇化之路的
重要一步。本文使用立法分析方法，剖析新型城镇化
背景下的地方立法实践和事件，论述地方立法创新对
城镇特色产生的决定性影响，提出了旨在促进城镇特
色化发展的立法工作思路和建议。

关键词：　地方立法　新型城镇化　基础设施

人因有灵魂而独一无二，城市也是如此。城镇建设从刻意模仿、

* 李伟，北京荣邦瑞明投资管理有限责任公司创始人、董事长，中国系统工程学会常务理事，中国区域科学协会常务理事，城市中国研究院院长，投融资规划方法创始人，人民网房产频道、凤凰网城市频道专栏作家。长期致力于区域经济发展、城市开发建设、城市公共服务、政府投融资、城市营销以及政府投资类企业管理等领域的研究及实践，在项目实践中首创的新城发展模式——"长阳模式"，得到了理论和实践界的广泛认同。主要著作有《投融资规划——架起城市规划与建设的桥梁》《破解城市建设困局——长阳模式解读》《破解城投公司困局——探索中国经济发展基因》《政企合作——新型城镇化模式的本质》等。单红松，荣邦瑞明城市中国研究院执行院长，长期从事城市（区域）发展、产业发展、旧城改造等领域的研究和规划咨询，著有《北京旧城改造的思考》《北京旧城改造振兴模式与政策创新研究》《旧城改造案例研究》《谋划新城》等。

大规模复制到追求特色是历史性进步。盘点当下所谓有特色的城镇，更多的是具有深厚的历史积淀、强大的产业竞争力、丰富的地域文化。依靠地方主要领导和规划设计单位的所谓先进性和艺术创造性的理念"制造"的城市特色，终究是浅薄的。城镇特色，应当是人和城镇自由发展的自然结果。而要使人和城镇实现自由舒展式的发展，政府最需要做的不是拔苗助长，而是为城镇搭起一个深深扎根于地域现实而又胸怀城市理想的法制框架。

一　城镇化立法的根本依据是造城之法

人法地，地法天，天法道，道法自然。造城之法，是作为万物之灵的人在与自然共舞过程中创造的最复杂、最伟大的文明成果。不同的文化基因和社会经济制度，在城市中都可集中得以体现，所以自然造就了五彩缤纷的城市形态。

（一）中西方不同的造城之法

古代中国和欧洲的城市文明都是世界上历史悠久而且发达的城市文明，代表着人类文明对城市定义的两极。中国传统城市注重天人合一，在人为的方面，其人文基础是礼制，也就是说，城市体制的本质是政治制度。在古代中国，"城市"这个词是两个词，"城"是城墙，"市"是市场。"城"，本义是城墙，表面看起来是物质，实质上是防兵、防洪、盛民三大功能，延伸为一系列制度安排。《周礼·考工记》"匠人营国"标志着中国的造城之法已高度成熟，其中说道："匠人营国，方九里，旁三门，国中九经九纬，涂经九轨，左祖右社，前朝后市，市朝一夫。"这说明城中有市已经是标配，并且规定了城的尺度和祭祖场所、祭地神场所、朝堂和市等重要建筑的位置。北京城的鼓楼、积水潭一带从元朝建都至今都是繁华的商业区，即是

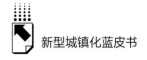

遵循《周礼·考工记》的规定。其中市从一个不起眼的位置，逐步上升为城市概念的核心元素。"城"和"市"频繁连用为"城市"大约是在战国时期的文献中开始的，相应的史实就是城和市的这种确定关系开始建立。可以说，城中有市，是由实而法。

"城市化"在当今中国被说成"城镇化"，"镇"在城镇化中起着由乡到城的重要的过渡性作用。镇在古代中国开始是军队驻所，与此类似的关、堡、营、屯、台、旗、场、寨、眷等城市名、地名均是军事单位，镇属于其中较大较重要的军事基地，但一般不设地方治理机构。后来镇的含义得以发展后，由县治所以下的一些交通较为便利、贸易较为繁荣、集聚人口较多的地方所专有。总之，中国传统上对城市和城镇的定义，一向侧重于政治、战略和军事功能，同时与市即商业功能也有着固定的联系。

欧洲城市起源于古希腊城邦制，既是一种国家制度，也是一种城市制度。当今世界对城市的定义主要沿袭欧洲城市的定义。欧洲的城市文明传统乃至国家政治制度很大程度上是以古希腊城邦制为基础的。欧洲对城市的定义自古便是以工商业和人口集聚到一定程度为标志，与分散的农业生产区域相对应，所以西方现代文明总是趋向于城市化，大部分人都要住在城市里。同时，也因为城邦制这种小国寡民的理想，欧洲始终没有形成一个统一的国家。

古代中国和欧洲对城镇和城市的定义，共同之处是城市的功能主要是非农业的，人口集聚程度要达到一定的规模。但是，中国古代城市在排斥农业方面却不那么纯粹。

比如，据考古发现，周朝的许多城市遗址内都有农田。直到今天，河北正定古城内还有几个村庄，村集体建制、宅基地和部分农田都在古城墙以内，这是中国古代城市中有田的活化石证据。中国的文明基因中农业文明根深蒂固，城镇化的最终结果，可能与西方国家相比有更多的人留在农村。即使在城镇中，也有人主张都市农业（不是指目前一般所说的城市郊区的农业，而是真正与城市空间融为一体的农业）。当代房地产商冯仑就主张建设立体城市，多建摩天高楼，省下来的土地用来种菜，把都市农业和都市第二、第三产业密切融合起来。可见，城市究竟应该什么样，与人有一个什么样的城市理想有关。允许一个城市有不同于其他城市的城市理想，这是造城之法百花齐放的前提。

（二）当代造城同质化的问题

城市缺乏特色这个问题的本质是城市在其功能、产业、建筑、风貌和人的追求上的同质化。用里斯·特劳特的定位理论来看，同质化会带来恶性竞争，显然是不利的。从合作的角度来看，城市之间要产生合作，同质化也是不利的。合作就要交换、互补，如果禀赋、产品、面貌完全相同，那还交换什么、互补什么呢？因此，不论是从竞争还是合作的角度来看，同质化都是不好的。

但是目前我国城镇化的一个问题是，城镇要建成什么样，有着一套套或硬或软的标准、政策。硬的标准就是规划和建设标准，这是红线，不能碰，只能按部就班地照做。还有很多软的政策，虽然不强制执行，但是规定你如果要想享受这个政策的待遇，就要按政策规定的要求去做，否则就不能享受政策，不能享受政策的结果就是在发展中被边缘化。比如，"园林城市""卫生城市""历史文化名城""老工业城市""城市竞争力排名"等评比、认定，都是为了施行某项帮扶政策，或者给予一定的名誉，对招商引资和城市发展有很大好处。这些硬的标准和软的政策逐渐成了城市建设主要追求的东西，而城市理想反而被忘记了。一个没有理想的城市，要么标新立异，要么循规蹈矩，不会有个性的张扬。

新中国成立后，毛泽东多次提醒大家要注意处理好中央和地方的关系，既要学会讲"北京话"，又要在适当的时候讲好"地方话"，

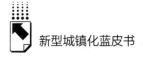

调动起"中央和地方两个积极性"。毛泽东在1956年政治局扩大会议上做的《论十大关系》报告中指出,"在中央和地方的关系问题上,要在巩固中央统一领导的前提下,扩大地方的权力(权力下放给地方),让地方办更多的事情,发挥中央和地方两个积极性"。历史和现实表明,中央和地方的关系走向任何一个极端都会导致经济的不正常波动,改革开放在各方面所取得的伟大成就,从立法的角度解读,应是地方积极性红利释放的结果。20世纪90年代中期以来,以税制改革为标志,又一轮财权向中央集中的趋势导致地方财权与事权不匹配,地方积极性衰减,单一的土地财政模式主导的地方发展模式迅速普及,这正是城镇特色消失和发展同质化的根源。现在,地级市立法权的全面下放,意味着造城之法百花齐放的局面具备了基本条件。

二 地方立法促进特色城镇化的实践

(一)中央和地方在立法权上的互动

1. 中央对地方立法权的收放态度

我国宪法确立地方立法权是从民族自治区开始的,后来扩大到所有省级行政区。1954年宪法颁布后,立法权被大部分收归全国人大,仅在民族自治区保留一定的地方立法权。

2015年3月《立法法》(修正案)赋予所有设区的市以立法权后,目前我国拥有地方立法权的行政区为:34个省级行政区(省、自治区、直辖市、特别行政区,含台湾省);全部284个设区的市〔含27个省会及自治区首府城市(不含台北市)、2015年2月之前国务院批准的18个较大的市、4个经济特区所在地的市及剩余235个新取得立法权的地级市〕。

可以看出,地方立法权总体经过了一个从收到放的过程,其间稍有反复，略显谨慎。省、自治区、直辖市的立法权大体保持稳定。被赋予立法权的主要为"较大的市"，而如何认定"较大的市"就成为中央审批和地方争取的焦点。地方立法权的收放变化主要在地级市这一级摆动，有关城镇化的立法是主要内容。2015 年地方立法权的扩大面向的是全部地级市，立法权内容也主要在城镇化方面："可以对城乡建设与管理、环境保护、历史文化保护等方面的事项制定地方性法规。"①

中央对地方立法权收放的主要原则是权衡协调统一性和地方积极性之间的矛盾。在当前法制体系和国际国内形势下，除非面临全面战争或安全危机的情况，扩大地方立法权将是主要的趋势。

2. 地方在特色城镇化方面的立法诉求

近一二十年来全国城镇化实践积累的大量经验，尤其是较早得到立法权的 49 个较大城市的立法经验，是地方立法权扩大的重要经验基础。例如，据统计，广州市人大常委会自 1986 年行使地方立法权以来，共制定地方性法规 142 件，其中城乡建设与管理、环境保护、历史文化保护方面的立法占广州地方立法数量的一半左右。又如，1994 年制定的《深圳经济特区环境保护条例》，在环境友好理念和循环经济、低碳经济等具体的经济形态尚停留在中央理念层面未形成国家立法的情况下，率先规定了"鼓励发展循环经济和低碳经济，促进清洁生产和绿色消费，建设资源节约型、环境友好型社会"，这一规定是对国家立法的重要推动。2014 年青岛市人大常委会通过的《青岛市城市风貌保护条例》，是我国第一部关于保护近海资源的地方立法。

取得立法权较晚的城市，在争取立法权的过程中也做了很多工作，表达了其立法诉求。以广东省佛山市为例，2003 年佛山市开始

---

① 《中华人民共和国立法法》（2015 年修订）。

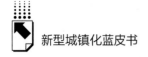

申请"较大的市"时，当年 GDP 为 1381 亿元。到 2013 年获批时，当年 GDP 已达 7010 亿元，增长了 4 倍多。经济增长的同时地方政府的事权也不断加重，申请地方立法权的需求从单纯的扩权发展经济向完成改革任务倾斜。佛山市承担了国务院及其部委赋予的改革试点任务 15 项、省政府及厅局赋予的改革探索任务 25 项，其中许多任务都需要从法律层面予以明确规范。立法权的缺失使佛山市各级政府不得不走一步看一步，改革推进十分迟缓。

又如，广东省东莞市是一个不设县、区的地级市，现有人口超过 1000 万人，外来人口所占比例超过 80%。针对这些情况，东莞市在医疗、教育、养老等公共服务均等化方面进行了大胆的探索改革，采取了简政强镇、"镇行县权"的做法，将众多公共管理和服务职能下沉至镇、街和园区。但是按法律规定，其所下放的权限绝大部分属于县级政府。为了规避违法风险，其相应地以委托、交办等方式进行合法授权，加盖市直部门业务章。

其他地级市在申请成为有地方立法权的"较大的市"过程中及地方立法权正式全面下放以后所诉求的立法需求主要集中在城镇化及与其相关的改革方面。如湖北省黄石市，由于历史原因和自然资源条件，黄石市因矿设厂，依厂建市，采矿和冶金等重工业比重很大，老工业区和棚户区的改造、生态修复、矿冶文化保护任务特别重，这些特殊情况使其很难直接依据现有上位法进行有效治理。湖南省株洲市是全国两型社会建设的探路者之一，探索的重点是破解两型社会建设中的制度障碍，进行法律制度创新。国家政策对于排污权交易所要求的排污总量控制，就缺乏明确的规则安排，导致排污权交易困难重重。《大气污染防治法》规定，项目未经环评，工商等部门不予办理相关证照。但由于缺乏衔接性的规程，该规定在实际执法中难以执行。

可以看出，各地申请地方立法权均因经济较快发展和城镇化快速推进，地方情况特殊用现行上位法不能很好地解决问题。这些特殊问题，其实正是城镇特色的实质性问题，所谓特色，通常指那些表现或解决得较好的地域性特殊问题，没有就地域性特殊问题建立很好的制度和解决方案，谈不上特色。

（二）从案例看地方立法在基础设施领域的作用

根据一般的概念，人们会觉得基础设施是和"特色"最不沾边的，既然"基础"，意味着满足的就是大多数人的无差别的基本需求。实际上，基础设施的微小差别决定着城镇功能和形态等各方面的巨大差别，也就是特色的基础。

《说文解字》中说："城，以盛民也。"说的是"城"的容器功能。一座城市的形态无论多么气势恢宏，都要建设在土地之上；一座城市的形态无论多么复杂，都是通过基础设施与土地、自然相衔接，基础设施便是连接人与自然的接口和边界，城市中的一切都是在基础设施之上生长的结果。形象地说，城市的土地和基础设施一起构成了一个巨大而复杂的容器。这个容器是什么样，决定这个城市会生长成什么样。如前所述，地方立法的实质是造城之法。地方立法要体现和凸显本地城镇特色，基础设施和公共服务特色化是城镇特色化的基础。

1. 美国太阳城的老年特色基础设施

不同城市有不同的功能定位，尤其是中小城市和小城镇，不同定位的城镇之间，产业结构和城市功能大不相同，不同的产业结构和城市功能对基础设施的要求也不同。例如，美国太阳城是著名的老人社区，以健康活跃的老人为主要居民，因此医疗、护理、中小学都不作为配套设施的重点，而高尔夫球场则和公园、博物馆一样作为基础设施由政府建设，高尔夫球车是特色的慢行公共交通工具。其他基础设施还包括7个娱乐中心、3个乡村俱乐部、2个图书馆、2个保龄球

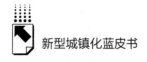

馆、30 个教堂、19 个购物中心。而这些设施中很多在一般城市都是当作经营性项目建设运营的。

2. "中国攀登之都"的基础设施

河北省高碑店市与新加坡合作建设了上东新区，定位为"中国攀登之都"，把中国登山协会等重要的体育机构引入新区，把新区打造成一个集训练、比赛、休闲、旅游、居住等功能于一体的攀登主题体育新城。在这样的定位下，本来多作为经营性场所的攀岩馆、登山训练馆等设施均作为基础设施，由政府负责建设。并且，这些基础设施对落实新区定位具有关键作用，如果这些基础设施不落实，则新区的特色便无从谈起，很快就会沦为城区自然蔓延、低水平重复建设的新"睡城"。

3. 江苏宜兴立法保护特色资源

特色立法是推动区域特色化发展的制度保障。区域发展实践中的创新做法经常在大量发生，其中最符合区情实际、最经得起时间检验的做法就以立法的形式固定下来。城市出现一任领导一版规划的问题，主要原因是缺乏必要的法律保障。一些特色风貌或特色产业保持较好的城市，正是因为较早地重视用立法手段坚持保护了一些特色资源。例如，江苏省无锡市人大常委会于 2007 年颁布实施《无锡市宜兴紫砂保护条例》，把紫砂资源、紫砂文化等自然资源和文化资源作为战略性资源加以保护。贵州正在进行山地特色城镇化立法。

4. 共享单车与基础设施管理的矛盾

2016 年是共享单车的爆发年，这是一种基于互联网技术的全新公共产品。虽然它目前主要由企业投资运营，但是对停车场、交通标志等基础设施存在一定的依赖。由于政府和企业尚未建立起规范的合作关系，配套基础设施及管理办法缺位，共享单车乱停乱放影响交通和市容的现象比较突出，有些地方的相关部门就采取了极端措施，比如，据北青网 2017 年 3 月 1 日报道，上海黄浦区车辆管理公司扣押了近 5000 辆共享单车。该公司与黄浦区政府是政府购买服务模式的合作关系，由企业代表政府对非机动车停车设施和秩序进行管理。对共享单车管理无法可依，才导致这样的冲突和尴尬局面。

当然，以上案例地方立法都未起到应有的作用。地方立法的缺位，也正是这些特色做法和设想实施遇到过多障碍的主要原因。基础设施是公共必需品，对人民生活品质和城市品质的影响，与环境和空气相比毫不逊色。在一定程度上，基础设施立法是造城之法和营城之法的具体体现和发展底线，结合本地实际情况和区域性社会需求，针对基础设施进行特色立法，是打造一个有特色、有个性、有气质的城市的必要条件。

（三）地方重复立法造成的同质化问题

我国地方长期缺乏立法经验，不善于运用立法手段开展地方治理。从先行获得地方立法权的少数"较大的市"的表现来看，在地方立法中突出的问题是重复立法，不敢突出地方特殊性，不敢也不会根据地方特色大胆创新。

1. 重复立法的表现

重复立法的具体表现主要有以下几个方面。

第一，立法选题重复，地方立法重复中央立法，"小法"重复"大法"，"后法"重复"前法"，缺乏地方特色。

第二，在体例上，沿用国家法律体例，总则、分则、章、节、条、款、项、目俱全，空话、套话重复表述，连篇累牍，真正有用、有特色、有针对性的内容所占比例甚小。

第三，国家立法层面没有很好解决的问题，在地方立法中仍然得不到解决。例如，在 2011 年《国有土地上房屋征收与补偿条例》颁布以前，《物权法》等法律只提到公共利益但没有定义公共利益的边界，对于何为公共利益一直不明确，这一问题直接导致城市拆迁和旧城改造等一系列工作频频遇到难题。按理说，公共利益的界定具有很强的实践性，即统一的、理论上的界定较难，而在实际工作中就事论事的界定并不难，这恰恰应是地方立法的强项，但各地方立法并没有做出这一规定。最终，还是 2011 年《国有土地上房屋征收与补偿条例》做出了具体规定。

2. 重复立法的原因

重复立法的原因主要有两方面。一是立法主体单一，国家立法存在国务院主导过多的问题，其他立法主体不但主导过少，甚至过程参与也不够，这直接导致各级地方立法出现同样的状况。据统计，按法律规定抚顺市有权提出法案提案的九个主体①中，市政府提出的立法草案占91%，有四个主体空白。立法主体单一，因而思维方式和行为习惯单一，就很难表达社会各方面的有效立法诉求。二是人大作为法定立法机关，立法观念陈旧保守，且习惯于依赖政府部门展开立法活动，政府提什么，人大就审什么，处于被动地位。这些问题在国家和地方层面都有不同程度的表现。全国人大在指导地方立法过程中倾向于强调统一性和权威性，过于强调勿触底线。虽然政治正确，却导致地方立法机关放不开手脚，生怕触线违法，在追求保险之下，便容易选择重复立法，重述国家法律。

另外，立法技术能力的缺乏也是重复立法的原因。我国权力机关除常设机构人员以外，主要构成为非专职人员，立法调研、分析、判断及技术方面的专业性都存在严重不足。即使是常设机构的领导干部，所负职责也非常多，很难专门对立法事务进行长期连续的研究。尤其是对于涉及面广、涉及专业知识深的法律，常常心有余而力不足。而地方立法又常常是突出某一领域的，比如，2015 年全面下放

---

① 九个主体包括：主席团、人大、常委会、市政府、专门委员会、主任会议、代表团、代表联名、组成人员联名。

到地级市的立法权，仅限于城乡建设与管理、环境和历史文化保护等方面的事项，均为涉及专业知识较深和专业能力较强的领域，并非地方权力机关所能充分把握的。

3. 重复立法的后果

重复立法的直接后果是可操作性差。国家法律是基于基本国情和各地方无差别而统一制定的，而地方条例和法规的重点在国家法律照顾不到的区域特殊性，如果不能体现这些区域特殊性，国家法律在本区域也往往难以很好落实。20 世纪 80 ~ 90 年代，由于地方立法权在城镇化领域立法的经验一片空白，各个有立法权的"较大的市"主要模仿国家立法，在体例和内容上都崇尚法典式立法模式。据统计，80 年代采用条例形式的法规数量仅占总数的 56.5%，到 90 年代，这一比例已达 83.9%。这导致大量地方法规条文与上位法重复，与地方实际无法结合，沦为空话套话。实际上，地方政府原本惯用的各种规范性文件，甚至是非正式的会议纪要、口头通知，虽然不具有法律的形式，也缺乏法律的程序，但是在实施的针对性上反倒是最强的，一句话一件事，钉是钉铆是铆，执行效率极高。获得立法权以后，地方试着用立法的形式解决问题，规范倒是规范了，却丢掉了有针对性和高效率的优点，地方立法变成了邯郸学步。具体的例子便是 2016 年热点事件之一的网约车立法。

网约车立法是 2016 年地方立法的一件大事，一段时间内成为舆论热点。这轮立法行动高调公布征求意见，但又迅速冷却并被搁置，整个过程并不顺利。主要原因是国家层面的立法就不够完善，结果失误又被习惯于重复的地方立法放大。2015 年 10 月 10 日交通运输部发布《网络预约出租车经营服务管理暂行办法》（以下简称"交通运输部《办法》"），其核心内容就存在一些问题。

一是把网约车定性为传统出租车的一种，直接套用了传统出租车的管理思路。这一点后果十分严重，因为 2004 年国务院令第 412 号明确出租车行业为保留行政许可项目，这就意味着各地要发展网约车（事实上市场需求强劲，不主动促进其也会自发发展）就必须有县级以上政府部门的审批许可，可是大部分地方政府都还没看懂网约车是怎么回事，自然选择谨慎审批，没有正式许可就意味着禁止，事实上大量存在的网约车就是违法的。这与中央一直以来的改革精神是相违背的。1992年邓小平在南方系列讲话中提到股市等新事物时说："允许看，但要坚决地试。看对了，搞一两年对了，放开；错了，纠正，关了就是了。关，也可以快关，也可以慢关，也可以留一点尾巴。怕什么，坚持这种态度就不要紧，就不会犯大错误。"2015年5月底，李克强总理在贵阳论坛上说："一个新生事物诞生的时候，我们确实不能上来就管死了，而是要先'看一看'。"交通运输部《办法》在拟订时对网约车以出租车定性，给其发展和地方立法留的余地是远远不够的。

二是虽然将网约车定性为出租车，却又明文表述降低其地位，将其放在公共交通和出租汽车之后。"第三条各地应当优先发展城市公共交通，适度发展出租汽车，按照高品质服务、差异化经营的原则，有序发展网络预约出租汽车。"对于网约车相对于出租车的明显服务优势、技术先进性和发展前景选择了限制甚至无视。起码在其前景和先进性是否能够最终通过市场检验尚不完全确定的情况下，给其一个"三等公民"的地位是不合适的。

三是交通运输部《办法》对网约车设置了过于苛刻的条件。交通运输部《办法》对网约车申请规定的条件达七项，相比传统出租车的四项①要苛刻得多。明显表现出对新生事物的本能恐惧而不是友好和欢迎。

---

① 《交通运输部关于修改〈出租汽车经营服务管理规定〉的决定》，2016年7月26日第十七次部务会议通过，自2016年11月1日起施行。

在重复立法成风的不正常情况下，这种顶层立法中的偏差失误造成的影响被迅速放大。随后，在交通运输部的规定尚未正式通过之时，各个有地方立法权的较大的市也迅速公布了各自的网约车规定征求意见稿。由于受到交通运输部《办法》严苛的要求的影响，加上其他动机因素，各地办法对网约车的要求普遍高于出租车（见表1）。

表1 交通运输部和部分城市网约车规定中对车辆和驾驶员的限制条件

项目	车辆条件	驾驶员条件
交通运输部《办法》	具体车辆标准由各地结合本地实际情况确定	无要求
北京	本市号牌，排量2.0L或1.8T以上，轴距2800mm以上	本市户籍
深圳	排量1950ml以上，轴距2700mm以上，车龄2年以下	本市户籍或居住证
上海	轴距2600mm以上	本市户籍
广州	排量1950ml以上或涡轮增压1750ml以上，车长4.6m以上	本市驾驶证
武汉	轴距2700mm以上	本市户籍或居住证
宁波	轴距2650mm以上，价格12万元以上	本市户籍或者在本市取得浙江省居住证6个月以上
济南	轴距2700mm以上，价格12万元以上	本地常住户口或持有本市居住证

（四）城镇化立法的"收"和"放"

2016年PPP立法的不顺利实际上是中国法制体系和立法思路上的一个惯性误区造成的，即地方政府权力和社会主体权利都是中央政府"放权"的结果。这直接导致国家层面的PPP立法存在重要缺陷——限制了企业和个人的创造性。

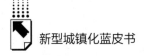

用正面清单对社会资本进行限制和约束，对政府而言主观可控，风险小，对社会而言则是极大的限制。正面清单应当主要适用于政府，即限定政府的职能权限，凡法律明文规定政府有的权力政府方能拥有，法律明文规定允许政府权力涉入的领域政府权力方能涉入；负面清单则宜用于企业和个人，只要不涉及法律禁止的领域和行为，则可自由进入和行为，禁止越少，越有利于创新。

地方政府在政策和立法中话语重述和立法重复的习惯支配下，又放大了这个缺陷。仿照国家 PPP 管理和立法的正面清单的思路，各地纷纷建立 PPP 项目库和专家（机构）库。在正面清单范围内，政府"可以采取" PPP 模式，亦"可以不采取" PPP 模式，而社会则只有在此清单内选择的权利。政府在选择 PPP 合作伙伴时的随意和"任性"，实际上是不守信用的行为，它使政府的权力没有被关在笼子里，企业的权利反倒被关了进去。

三　关于立法推动特色城镇化的建议

1. 设立特色立法示范市

地方立法（主要是设区的市立法）的主要权限在城镇化领域，地方城镇化立法的根本依据是造城之法和营城之法，立法质量的关键在于对经济和社会发展规律的把握，立法分析和立法调研必须专业化。立法分析环节要引入专业机构，提高立法分析水平，总结推广优秀的立法经验和创新立法，正确引导地方立法工作方向和技术方法，突出地域特色，改善城镇化质量。

2. 引入立法研究专业机构

引入社会主体参与立法，是体现社会主义民主法制的必然选择，也只有这样，才能真正推动从地方"管理"向地方"治理"转变。自 20 世纪 60～70 年代以来，从西方城市规划开始，城市规划和管理注重公众参与，城市规划和管理从以前的部门事务和技术性工作逐渐向其公共性事务的实质回归。其中，以立法方式对城市规划、建设和管理及城市化进行积极影响，从 20 世纪 90 年代开始渐成世界潮流。

由于我国立法权长期集中在国家层面，几十年来国家立法专业能力和体制机制已经有了长足进步，而地方立法则起步较晚，尤其是新获得立法权的设区的市，专业能力和体制机制都存在很大不足。目前全面下放的地方立法权，虽然主要集中在城镇化及城镇建设和管理方面，但所涉及的专业领域已经非常广泛，对专业能力要求很高，需要经济、公共管理、环境、文化、交通等各个领域的专业机构对社会行为和社会现象进行深入研究和分析，才能提出切中要害的立法建议。因此，地方立法前和立法过程中要与各种智库机构、高校等研究机构及调查企业等专业机构保持密切合作，以不断提高立法质量。

3. 立法界定特色基础设施

在传统观念中，只有体育馆、游泳馆、篮球场等面向公众的体育设施作为社会性基础设施由政府负责建设，或者采取 PPP 模式建设运营，而高尔夫球场、滑雪场、攀岩馆、保龄球馆等通常是表现为"小众消费"性质的营业场所。尤其是滑雪场，近年来热度不断提高，通常被视为旅游产品或轻体育（也称休闲体育）产品中比较时尚有潜力的产品。这类产业或产品对经济社会发展的带动性是通过其较强的外部性实现的。比如滑雪场在河北省崇礼县的产业结构中地位极其突出，外部性更强，虽然本身盈利性和财政贡献可能不高，但对整个经济社会发展极为重要，可以将其定位为功能性产业。相应的一部分场馆设施就可以作为社会性基础设施由政府负责建设，或者由社会主体建设经营，如果其盈利性在短时间内达不到平衡点，政府就有必要对其进行政策扶持或财政补贴。

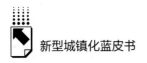

参考文献

[1] 牛振宇:《地方立法创新的路径探析》,《人大建设》2014 年第 4 期,第 50～51 页。

[2] 张娟:《区域与城市治理立法的实践与思考》,《规划师》2016 年第 8 期,第 40～45 页。

[3] 抚顺市人大常委会法制工作委员会:《提高地方立法质量研究——以立法过程为视角》,中国人大网,2016 年 9 月 18 日。

[4] 杨明伟:《既讲"北京话",又讲"地方话"——毛泽东等领导人对中央与地方关系的生动把握》,《党的文献》2012 年第 3 期。

[5] 日知主编《古代城邦史研究》,人民出版社,1989。

[6] 胡建淼、李勇:《城镇化立法的国际经验》,《新重庆》2013 年第 6 期,第 46～46 页。

[7] 李小汇、黄琳、张贺然:《依托 PPP 模式支持新型城镇化的法律分析》,《农业发展与金融》2014 年第 10 期,第 34～38 页。

[8] 陈民:《两点着力,万众创新——关于"两点一面"的 PPP 政策建议》,人民网,2016 年 3 月 18 日。

[9] 李伟:《新型城镇化究竟"新"在哪儿》,《中国房地产》2016 年第 29 期。

专 题 篇

Special Reports

B.4
加快供给侧结构性改革推动
城镇特色化发展

于秀辉*

摘　要： 特色化发展是我国新型城镇化的重要特征，供给侧结构性改革则是新时期我国经济社会发展的重要战略指引，二者密切关联，互相影响和促进。本文构建了城镇特色化发展的内生增长动力体系，研究了供给侧结构性改革的五个方面与其相互关系，提出了以供给侧结构性改革推进城镇特色化"四新"发展。进一步，从土地及自然资源、劳动力、资本、创新、制度供给

---

* 于秀辉，工学博士，龙信数据（北京）有限公司招商事业部总经理，主要研究领域为区域产业发展和园区经济。主持过多个省、市级战略规划项目，包括"加强规划引导做大做强江西省主导产业研究""江西龙南国家级经济开发区产业规划""昆明五华科技产业园总体规划""武汉东湖国家文化科技融合示范基地核心区规划"等。

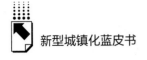

五个方面研究了如何加快供给侧结构性改革推动城镇特色化发展。

关键词： 供给侧结构性改革　新型城镇化　城镇特色化　内生增长动力

供给侧结构性改革与新型城镇化是新时期我国发展战略体系的重要方面，二者密切相关，在未来相当长一个时期内是我国经济社会转型、持续发展的重要支撑。因此，应深入剖析二者的相互关系，研究如何通过供给侧结构性改革推动城镇特色化发展。

一　新型城镇化发展的核心是构建特色化的内生增长动力

（一）我国城镇化进入快速发展的下半场

改革开放以后，我国的城镇化进入发展初期，随着经济社会的快速发展，城镇化发展的速度不断加快，特别是东部沿海地区的城镇化快速推进。随着我国经济进入新常态，新型城镇化建设成为国家发展的重大战略。2014 年 3 月，《国家新型城镇化规划（2014—2020年)》正式发布，同年 12 月，国家发展改革委等 11 个部委联合下发了《关于印发国家新型城镇化综合试点方案的通知》，将江苏、安徽两省和宁波等 62 个城市（镇）列为国家新型城镇化综合试点地区，2015 年政府工作报告明确提出"加强资金和政策支持，扩大新型城镇化综合试点"，将北京市房山区、大兴区等 73 个城市（镇）列为试点地区。

根据国际经验，城镇化率在30%~70%为加速发展阶段，其中50%~70%属于加速发展的下半场，2016年，我国城镇化率达到57.35%，已进入城镇化加速发展的下半场，城镇化的推进被赋予了更多新的理念、新的方式和新的路径。

（二）新型城镇化应由"量"的增长向"质"的特色化转变

现阶段我国新型城镇化的推进面临新的形势，可以概括为"四座大山"和"三大风险"。其中，"四座大山"是我国经济社会发展面临的四方面困扰：一是大规模的产能过剩，二是大面积的企业债务增加和盈利能力下降，三是较严重的资产泡沫，四是严峻的环境生态压力。"三大风险"是我国经济社会发展面临的三方面不确定性：一是人口老龄化加速的风险，二是美元持续回流的风险，三是全要素生产率增速负增长的风险。

在"四座大山"和"三大风险"的强压力、高风险形势下，我国新型城镇化的推进需要由原来注重"量"的快速增长向注重"质"的特色化转变。城镇特色化发展主要体现为"三性"：去中心性、差异性和持续性。

1. 去中心性的城镇生态

形成城镇生态体系是城镇特色化发展的目标。目前我国发展较好的城镇主要集中于东部发达地区，更多依靠临近区域中心城市的地缘优势，以大中城市为中心，依托其产业、资源、人才等的辐射带动能力，推进城镇化的发展。新形势下城镇特色化发展应依托自身的优势，减少对中心城市辐射带动的依赖，在城镇内部形成良好的生态系统，强化城镇形成自身的增长动力和发展驱动因素，推动城镇的基础设施、生态环境、产业经济、居民生活等协调一致。

2. 差异性的城镇定位

找准差异性城镇定位是城镇特色化发展的前提。城镇定位要注重体系化，从整个城镇的发展战略、品牌形象定位入手，逐级形成产业定位、功能布局等协同一致的定位体系。同时，在城镇特色化发展定位过程中，重点挖掘城镇两方面差异化因素，一是差异化的资源禀赋，二是差异化的历史文化资源。例如，贵州省提出建设100个示范小城镇的战略，充分利用本地的文化、历史、自然资源等建立了一批旅游小镇、白酒小镇、茶叶小镇等。

3. 持续性的发展模式

持续性的发展模式是城镇特色化发展的核心路径。在我国城镇化发展过程中，大量城镇过度依赖自然资源，产业结构单一，经过快速发展之后，出现了资源枯竭、产业迅速衰退等问题。例如，湖北省大冶市陈贵镇素有"荆楚矿业第一镇"之称，铁矿石储量达5000万吨，铁矿的初级开采加工贡献了超过50％的GDP。随着铁矿资源的枯竭和市场的变动，产业迅速衰退。城镇特色化发展路径的持续性应充分考虑三个方面：一是关联多元化互动的产业体系，增强市场风险的抵御能力；二是集约利用绿色资源，加强生态资源保护能力；三是推进开放共享的民生，提高小康社会建设水平。

（三）构建特色化内生增长动力体系是核心

城镇化不是简单的城镇人口比例增加和城镇面积扩张，城镇特色化发展也不是以旅游等某种单一产业形成的城镇特色。城镇特色化发展的核心是形成城镇特色的、内生增长的动力体系。

整体来看，城镇特色化内生增长动力体系是由基础层、动力层、目标层三个层次构成的有机整体（见图1）。其中，基础层以构建持续有效的基础支撑为重点，包括基础设施、社会保障、生态环境三大要素；动力层以构建多元协同的驱动要素为重点，包括资源、资本、人力资源、政策制度、产业支撑五大要素；目标层以城镇特色化发展为目标，包括城镇的特色定位、特色模式、特色路径三大要素。

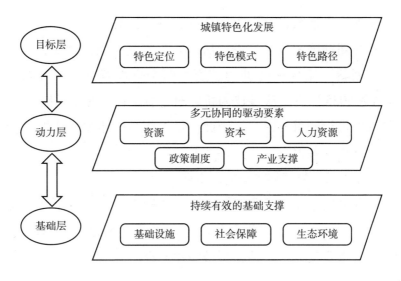

图1 城镇特色化内生增长动力体系

二 供给侧结构性改革是推进城镇特色化发展的综合手段

（一）供给侧结构性改革与新型城镇化是新时期国家战略两大重点

近几年，在日益复杂多变的国内外环境下，国家层面的战略部署、政策和规划逐步提出并持续推进，围绕"创新、协调、绿色、开放、共享"五大发展理念，提出了"大众创业、万众创新"、"互联网+"、"中国制造2025"、新型城镇化、工业转型升级、"一带一路"、供给侧结构性改革、特色小镇等一系列发展战略和发展举措。在新时期国家战略体系中，供给侧结构性改革和新型城镇化具有统领作用，是两大重点战略。

1.供给侧结构性改革是战略体系的着力点

供给侧结构性改革是我国经济社会发展方式的重大转变，从其具有的劳动力、土地及自然资源、资本、科技创新、制度供给五大方面来看，新时期的国家战略举措均从这五个方面着力，例如，"大众创业、万众创新"主要从劳动力、资本两个方面着力；"互联网＋""中国制造2025"主要从科技创新方面着力。各项战略举措的出台本身就是制度供给的重要内容。因此，供给侧结构性改革是我国新时期战略体系的核心着力点。

2.新型城镇化是战略体系的落脚点

改革开放以来，虽然支撑我国经济长期快速发展的人口红利、出口红利、楼市红利"三大动力"已经消失或者消退，但我国经济仍然存在三大重要支撑，包括新型城镇化支撑、外汇支撑和人口质量红利支撑。

在我国经济三大重要支撑中，新型城镇化的支撑作用尤其突出，能够支撑经济社会的长期、可持续发展。一是我国整体城镇化率刚刚超过55%，与发达国家70%～80%的城镇化率差距较大，发展空间巨大；二是新型城镇化的建设能够有效推进经济社会的各个方面，包括产业发展、城镇布局、资源环境、民生保障等诸多方面；三是新型城镇化的推进能有效解决目前产能过剩、城乡二元结构等问题。因此，新型城镇化是国家战略体系的核心落脚点。

（二）城镇的特色化发展需要加大供给侧的推动力度

1.需求侧拉动带来城镇发展四大结构性问题

长期以来，需求侧拉动是我国城镇发展最重要的动力，投资、消费、出口三驾马车在拉动我国经济长期快速发展的同时，也是城镇化发展最重要的动力。固定资产的快速投资迅速拉动了城镇的经济总量，出口的巨大带动催生了东部沿海一批以贴牌生产、代加工为主的外贸型城镇快速发展，例如，温州的打火机小镇、浙江的拉链小镇等，均是借势我国外贸出口快速发展的浪潮，依靠低端外贸加工发展起来的城镇。

随着国际经济下滑和国内房地产泡沫的出现，城镇发展的结构性问题日益突出，表现在产业结构、区域结构、投入结构、收入结构四个方面。其中，产业结构问题主要表现为结构单一，低附加值、高耗能、高污染、高排放产业的比重较高；区域结构问题主要表现为东、中、西部发展不平衡，东部地区城镇逐步面临转型，西部地区城镇尚处于发展的起步阶段；投入结构问题主要表现为资源能源、低端劳动力、资金等一般要素投入比重高，高端人才、技术、信息等高级要素投入比重低；收入分配结构问题主要表现为不同行业和不同群体的收入差距较大，需求侧对城镇化发展的拉动效应逐步减弱。

2. 供给侧改革带来城镇发展的机会供给

我国城镇化发展的前 20 年，更多的是释放共性发展需求、基本发展需求，新时期，随着城镇发展的共性需求减弱，个性化需求迅速凸显，城镇化更大的发展潜力转变为特色资源的挖掘、创新能力构建、特色发展路径探索等方面。供给侧对资源、劳动力、资本、科技创新、制度供给等方面的改革正是从发展动力机制上提供机会供给，顺应发展趋势，带动城镇化发展动力由需求侧的拉动向供给侧的推动转变，走特色化的发展道路，构建特色化的内生增长动力体系。

（三）供给侧结构性改革与城镇特色化发展高度耦合

从供给侧结构性改革的五个方面和城镇特色化内生增长动力体系的三个层次来看，二者具有高度耦合的关系（见图 2）。

1. 共同着力点

从供给侧结构性改革与城镇特色化发展的驱动因素来看，自然资源、人力资源、资本、政策制度等是二者共同的驱动因素，也是供给侧结构性改革的效果、城镇特色化发展最重要的因素，二者具有共同的着力点。

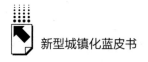
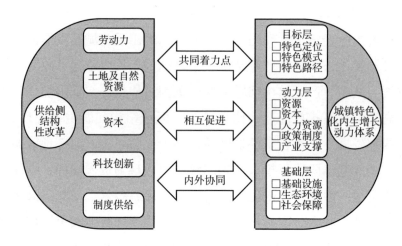

图2　供给侧结构性改革与城镇特色化发展的耦合关系

2. 相互促进

从供给侧结构性改革与城镇特色化发展的关系来看，适应城镇特色化发展阶段、目标的要素投入水平，能够有效加快城镇特色化发展速度，提升发展水平；同时，较好的城镇发展基础、较高的城镇动力水平，能够为供给侧结构性改革提供有效支撑，有利于改革的落地。

3. 内外协同

供给侧结构性改革与城镇特色化发展都是系统工程，各类影响因素和驱动力通过相互协同而发生作用。二者内部、二者之间都是相互协同的关系，需要整体统筹，才能有效推动二者的互相促进。

三　加快供给侧结构性改革推进城镇特色化发展

（一）全面推进城镇特色化"四新"发展

加快供给侧结构性改革推进城镇特色化发展的实质是构建城镇特色化内生增长动力体系，其核心体现为"四新"。

1. 形成城镇特色新主体

加快供给侧结构性改革首先要发挥市场在资源配置中的决定性作用，供给要素的投入应充分尊重市场规律，发挥企业、创业者在城镇建设与发展中的主导作用，同时更大限度地简政放权，加快服务型政府的建设，约束政府的"有形之手"。通过市场机制和政府行为的有效协同，形成城镇特色化发展的新主体。

城镇特色化发展的新主体主要体现为：一是以创新为导向的市场主体，通过创新资源向城镇集聚，围绕城镇特色化发展出现的新兴企业、创业者等；二是以服务业为导向的新主体，结合城镇特色化产业定位出现的新兴服务主体等；三是围绕区域内的多个城镇发展需求，涌现出的基于"互联网＋"的新兴市场主体。

2. 培育城镇特色新动力

加快供给侧结构性改革要针对过度依赖投资、消费、出口三驾马车的问题，供给要素的投入向支持、支撑创新、创业服务倾斜，通过全面创新，提高全要素生产率，培育城镇特色化发展的新动力。

城镇特色化发展的新动力主要体现为：一是更加强调以人为本，城镇的发展满足人的生活方式、消费观念、发展诉求等方面的转变和需求；二是更加适应市场需求，城镇的发展更加开放，面向国内和国外两个市场，将城镇的发展融入市场的发展趋势中；三是更加适应社会需求，城镇的发展是全社会发展的重要动力，应满足社会对生态、环境、文化等方面的新的发展诉求。

3. 发展城镇特色新产业

加快供给侧结构性改革要重点解决城镇原有产业的结构单一、附加值低、耗能高、市场风险抵御能力弱等问题，一方面淘汰产能过剩，以高端要素的投入提升城镇传统产业发展水平，另一方面顺应市场、经济发展的趋势，投入结合自身特色优势的要素，重点发展城镇特色新产业。

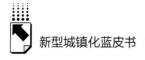

城镇特色化发展的新产业主要体现为：一是研究和制定合理的产业定位，引导和加强产业特色化发展；二是重视研究市场原始创新形成的自发产业、灰色产业和地下产业链，有选择地加以规范，谨慎禁止，防止简单"一刀切"；三是建设有利于创新和特色产业发展的基础设施、市场制度、社会制度，从立法层面积极进行突出区域特色的法律制度创新，鼓励区域性原始创新，保障区域性特色产业；四是研究城市消费者，以城市产品供给和城市品牌建设为核心，形成和稳固属于本地的城市消费者群体。

4. 探索城镇特色新模式

加快供给侧结构性改革要综合考虑城镇特色化发展的新主体、新动力和新产业，强化有效科学的制度供给的统筹协调作用，通过建设有利于交往和创新发生的城市空间，营造有利于创新的氛围，大力发展特色城镇文化，彰显城镇个性气质，培育城镇品牌等途径，探索城镇特色化发展的新模式。

（二）加强资源集约利用，夯实城镇特色化发展基础

土地及其他自然资源是城镇发展的基础，具有不可再生性，集约化、绿色化、可持续性是土地及其他自然资源供给侧改革的前提和原则，有效支撑城镇基础设施建设、特色产业承载是该类要素投入的目标。

1. 提高建设用地集约化程度

在我国长期的工业化和城镇化进程中，土地要素投入以外延式投入为主，即简单地增加土地投放。旧城改造、存量土地利用、城乡建设用地增减挂钩等内涵式优化利用方式仅为辅助。面对城镇特色化发展新形势的特点，必须从单纯的土地数量的投入转向存量土地利用结构优化和效率的提高。重点是控制增量、盘活存量、把握流量，土地增量与存量土地的开发利用水平挂钩，强化城镇土地投资强度和用地进度"双约束"，积极探索闲置低效用地

开发与再配置的新途径。例如，重庆创造的地票制度，有效鼓励了远郊区农村集体节余的建设用地复垦及票据化，建立起竞争性交易场所和机制，融通了土地和金融之间的衔接机制，有效整合了土地资源。

2. 加强生态资源保护与科学利用

自然资源的优势挖掘与科学利用是城镇特色化发展的重要支撑，我国众多的城镇在资源方面都具有自身的特色，包括矿产资源、生态资源、旅游资源、文化资源等。在城镇特色化发展的进程中，一方面要充分发挥自身的特色资源优势，形成具有竞争力、差异化的特色产业；另一方面要强化对资源的保护，特别是生态环境资源，走绿色发展、可持续发展的道路。

（三）挖掘人口质量红利，提升城镇特色化智力支撑

人力资源的数量和水平是城镇发展的重要支撑。目前我国每年毕业的大学生有800万，新增劳动力的素质明显高于城镇原有劳动力，虽然我国在人口数量红利的优势逐步消失，但人口质量红利会日益显现。例如，美国在20世纪70年代进入互联网创新经济时代，正是依靠高素质劳动力的带动。供给侧结构性改革应充分挖掘我国现阶段人口质量红利，推动城镇特色化的创新发展。

1. 建设特色化城镇人力资源体系

虽然我国整体人口质量红利日益显现，人力资源水平不断提升，但是对于城镇而言，特别是中西部欠发达地区的城镇，人才匮乏仍然是城镇发展的重要瓶颈，高素质人才投入城镇建设中的意愿不明显。在推进供给侧结构性改革的进程中，需要结合城镇特色化发展的定位和方向，重点建设城镇人力资源体系，例如，以工业为主的城镇形成高级技工人力资源体系，以旅游服务业为主的城镇形成现代服务业人力资源体系，以科技创新为主的城镇形成科技人力资源

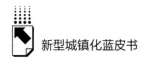

体系等。

2. 大力培养城镇建设创新创业人才

随着"大众创业、万众创新"如火如荼地开展，城镇创业大军日益壮大，创新创业的领域也日益丰富，既包括传统产业领域的创新，也包括互联网、电子商务等新兴领域的创业，部分城镇还出现了相当数量的创客空间、科技孵化器等，例如，杭州萧山的机器人小镇，围绕创新创业建设了相关的研发中心、科技服务化器、展览会站等部门。但创新创业的人才数量仍然不足，质量仍需提高。在推进供给侧结构性改革的过程中，应围绕城镇特色化发展的各个方面，强化城镇的创新创业人才培养与引进。

（四）提高资本供给效率，推进城镇特色化高效发展

政府财政资金和社会化资本是城镇特色化发展的两类资本支撑，从供给侧结构性改革的资本供给来看，二者的定位、作用、使用方式不同，需要充分发挥二者的协同作用，共同推动城镇特色化高效发展。

1. 科学使用政府资金提升效益

相比社会化资本，政府资金规模相对较小，在城镇特色化发展过程中，政府资金应重点发挥两方面作用，一是投入城镇基础设施及公共服务领域，支撑特色城镇内生动力体系的基础层；二是投入城镇创新和新兴产业领域，充分发挥政府资金的引导作用，提高其乘数效应和放大效应。例如，杭州西湖区财政局以 2000 万元投入科技小型企业的发展基金，以股权形式与民营资本一起带动创新型产业发展，政府资金不要求分工，这种政府资金起到了很好的引导作用，同时降低了民间资本的投资门槛，风险因素也得到了有效对冲。

2. 提高市场化资本的参与水平

市场化资本是城镇特色化发展的重要资本供给，在城镇建设发展的各个方面都有体现，虽然在一定程度上能够通过市场的作用提高配

置效率，但也容易出现低效配置的问题，如大量民间资本涌入房地产市场的现象，应进一步提高市场化资本参与城镇建设发展的质量和水平。

市场化资本参与城镇特色化发展的有效途径主要体现在两个方面。一方面是在收益性较高的基础设施建设领域，可以通过 PPP 模式，将市场化资本引入项目，加快项目的建设速度，同时也为市场化资本带来较高的投资收益。另一方面是在城镇特色化资源开发项目领域，可以通过政府的专项政策进行引导，发挥市场化资本规模大、机制灵活、市场敏锐的特点，加快重大项目的建设，推进城镇特色定位的实现。例如，我国西部地区很多城镇具有非常好的自然资源、历史文化资源等，非常适合特色旅游的发展，需要市场化资本参与旅游重大项目的开发建设来带动城镇的发展。

（五）强化要素资源整合，增强城镇特色化创新能力

科技创新是供给侧结构性改革中高端要素的改革，而创新能力的提升是城镇特色化发展的核心能力之一。创新能力的缺失是我国城镇特色化发展出现诸多问题的根本原因。因此，在推进城镇特色化发展过程中，应加强对城镇综合资源要素的整合，通过城镇创新能力的打造实现城镇的特色化发展。

1. 强化要素资源整合能力

虽然我国很多城镇都具备自身的特色优势资源，但发展水平参差不齐，究其原因，主要是缺少有效的要素资源整合。具体来看，一是优势资源单一，缺少相关资源的协同。例如，云南省和贵州省的众多城镇，生态资源、民族文化资源非常丰富，但相关的人力资源、资金资源、科技资源极度匮乏，导致城镇的特色资源无法有效利用。二是资源缺少有效整合，例如，安徽、江西等中部省份的城镇，具备较为丰富的自然资源、生态资源、人力资源、科技资源等，但由于对各类资源要素的整合不够，没有发挥资源的协同作用，无法推动城镇特色

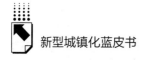

化发展。因此，要素资源的有效整合是创新供给的前提。

2. 加快构建城镇创新能力

城镇创新能力水平决定着城镇发展的持续性，也是特色化内生增长动力体系的核心。在整合资源的基础上，应加快城镇创新能力建设，从创新供给角度，推动城镇特色化的创新发展。

（六）加强有效制度供给，强化城镇特色化发展统筹

制度与政策供给具有供给侧机构性改革的统筹作用，决定其他供给要素改革的执行和落实，影响整个改革的效果，新型城镇化政策不是孤立的政策，与新时期国家战略体系密切相关，应该从国家政策体系的角度出发，加强城镇特色化发展的政策制度供给，强化发展统筹。

1. 落实国家发展战略体系

结合新时期"一带一路"、"大众创业、万众创新"、"中国制造2025"、新型城镇化试点方案、"互联网＋"、小城镇战略、地方立法权改革等国家重大战略，从城镇特色化发展的产业、人才、城镇建设等方面寻找结合点，把城镇的发展融入国家战略体系。依据城镇发展的方向和定位，挖掘政策红利，有针对性地落实土地制度改革、创新创业、产业转型升级、新兴产业培育等方面的政策，支撑城镇的特色化发展。

2. 提升制度供给质量效率

结合新时期城镇发展的实际，围绕城镇特色内生增长动力体系，统筹考虑供给侧结构性改革的五大方面，有针对性地完善相关制度，制定相应政策。首先，提高政府服务能力，完善相应制度，更好地为市场主体参与城镇特色化建设服务，充分发挥市场主体的自主性和主动性；其次，构建创新创业服务体系，鼓励支持城镇建设、产业发展等领域的创新创业，提升城镇创新能力；再次，针对城镇特色发展存在的产业低端、人才短缺、资源枯竭等问题，制定地方的政策，推动城镇的产业升级、人才集聚以及资源集约利用。

参考文献

［1］ 周维现：《中国欠发达县域经济发展研究》，硕士学位论文，武汉大学，2013。

［2］ 徐宗营：《新型城镇化背景下近郊旅游小城镇发展模式研究——以郑州古荥镇为例》，硕士学位论文，郑州大学，2015。

［3］ 仝晔芝：《非物质文化遗产与秦镇城镇空间关联性研究》，硕士学位论文，长安大学，2014。

［4］ 程立男：《中小企业视角的新型城镇化就业效应研究》，硕士学位论文，河北经贸大学，2016。

［5］ 欧阳力胜：《新型城镇化进程中农民工市民化研究》，博士学位论文，财政部财政科学研究所，2013。

［6］ 罗应光：《云南特色城镇化发展研究》，博士学位论文，云南大学，2012。

［7］ 马远：《新疆特色城镇化路径研究》，博士学位论文，石河子大学，2011。

［8］ 张鑫洋：《北京特色城镇化模式研究》，硕士学位论文，首都经济贸易大学，2014。

［9］ 贾雁飞：《快速城镇化背景下小城镇特色发展路径——以昆山市巴城镇为例》，《规划师》2016 年第 7 期。

［10］ 范周、周洁：《正确理解文化领域供给侧结构性改革》，《东岳论丛》2016 年第 10 期。

［11］ 王晓玲：《辽宁省新型城镇化困境及破解路径》，《城市》2016 年第 11 期。

［12］ 李全庆：《供给侧结构性改革背景下新型城镇化的困境与出路》，《求实》2016 年第 11 期。

［13］ 胡祖才：《努力走出特色鲜明、产城融合、惠及群众的新型小城镇之路》，《中国经贸导刊》2016 年第 31 期。

［14］ 彭继增：《产业转移、专业市场与特色城镇化的协调发展评价》，《经济地理》2013 年第 12 期。

B.5
小城镇产业优化路径

张宇欣 张木子*

摘 要： 在中国传统城市文明中，城镇始终占据重要地位。改革开放以来，我国小城镇乘城镇化东风，取得了巨大的发展成就。但小城镇产业结构单一、初级产品多、产业关联度不高等问题制约小城镇的建设和发展。从城市消费者角度看，决定城市增长的不仅是自身资源禀赋，而且是城市所能吸引、集聚的所有生产要素，最终表现为能否形成繁荣的产业。小城镇规模较小，吸引生产要素的能力有限，往往体现在某一两种资源要素上，与大中城市产业发展模式有显著区别。本文以产业优化的背景为出发点，总结了小城镇的发展模式和经验以及存在的问题，提出了小城镇产业优化的建议路径。

关键词： 小城镇 产业优化 产业链

---

* 张宇欣，管理学硕士，龙信数据（北京）有限公司招商事业部总监，主要研究领域为城市发展和园区经济，主持过多个城市、园区战略规划项目，包括“池州大健康产业发展规划2016—2025”“天津未来科技城核心区产业发展规划”“中柬西哈努克工业园区发展规划”“北京市朝阳区农村地区产业发展规划”等。张木子，城市管理学硕士，龙信数据（北京）有限公司招商事业部高级咨询顾问，主要研究领域为城市发展和产业园区，参与过多个城市和园区战略规划项目，包括“池州大健康产业发展规划2016—2025”“北京市高技术产业‘十三五’规划”“西藏拉萨经济技术开发区‘十三五’发展规划”“北三县核心区 CBD 总体定位及启动区发展策略”等。

随着城镇化进程的不断推进，城镇人口逐渐增加，居民的生活水平和消费能力不断提高。以前的城镇化是人口由农村、小城镇和中小城市向大城市单向流动的过程，现在，随着大城市化的减缓及大城市病造成的离心力逐渐显现，人口在大城市和小城镇之间开始呈现双向流动的特征。在人口流动的带动下，小城镇得到了产业发展的各种资源要素，产业发展开始发力。由于小城镇原本的产业基础薄弱，或者产业结构低端且不合理，小城镇产业优化开始成为其产业进一步发展要突破的重要瓶颈。

一 小城镇产业优化的背景

（一）城镇化发展需求

2000～2015 年全国城镇化率从 36.2% 增长到 56.1%，小城镇及其周边农村地区形象面貌、整体环境、公共服务等方面均发生了巨大变化。在城镇化背景下，小城镇居民收入水平不断提升，物质需求和精神需求都趋向市民化，对产品和服务的需求结构不断更新。另外，特大城市、大城市的迅速崛起，导致了交通拥堵、环境污染等城市病的出现，也催生了市民逆城市化的消费需求，小城镇则成为满足环境优化、旅游养老等需求的适宜载体。城镇居民市民化、城市居民逆城市化这两大需求趋势，对小城镇产业结构调整升级、更新换代提供了充足的动力，尤其是成为第二、第三产业发展的重要动力。

（二）全球化客观要求

随着经济全球化进程的不断推进，我国与全球市场的经济关联度、贸易紧密度都日益提升。2015 年，我国进出口额达 3.96 万亿美元，是世界第一大贸易体，预计到 2020 年，这一指标会增长至 8 亿美元。我们企业在走向国际舞台的过程中，面临"引进来"的竞争和"走出去"的壁垒，面对来自大量优秀国际企业的挑战，我们"低、小、散"的乡镇产业经济转型迫在眉睫，须从追求产量规模转向提升品质品牌，从单枪匹马作战转向链条化发展，从落后的"作坊式"管理转向专业化的经营管理，将粗放的高投入增长模式转向集约的均衡增长模式。全球化是世界经济发展的大势所趋，我国也于2015年提出了"一带一路"发展战略，对小城镇产业发展而言，其蕴藏着无限的发展机遇和巨大的发展动力。

（三）科技驱动力加强

2015年，我国研发总投入占GDP的比例约2.1%，称为世界第二大R&D经费支出国，科学技术在近代经济和社会发展中逐渐成为最核心的驱动力量。尤其是在劳动力成本不断提高的当代，面对来自全球的有力竞争，我国必须提高科技创新能力，将科技培育成继劳动力之后具有明显比较优势的生产要素。通常小城镇的企业规模不大，产品科技含量不高，因此迫切需要通过提高自主创新能力，提高产品和服务的科技含量，从而增加其市场占有率和用户忠诚度。

（四）信息化环境改善

伴随新一代互联网、大数据、云计算等新兴产业的迅速发展，小城镇产业发展面临难得的弯道超车机遇。在互联网时代，多元信息渠道和现代物流体系的建立，大大缩减了小城镇与其目标市场之间的经济距离，有效地改善了小城镇的区位条件，促进了社会环境和公共服务水平的全面提升。信息化还促进了产业间的融合发展，通过提高资源配置的效率带动产业间的协同发展，促进小城镇产业体系由单一化向复杂化演进，引导传统产业向现代化产业转型升级。

二 国内外小城镇产业发展经验

（一）美国

在美国城镇化的过程中，小城镇比大城市起到了更为重要的主导作用。美国的小城镇一方面聚集人口，超过60%的国民生活在人口10万以下的小城镇；另一方面聚集产业，美国主要的产业带、城市圈，都是由小城镇集聚而形成的。旧金山地区的帕洛阿尔托，以斯坦福大学为知识核心和创新中心，围绕其科研资源优势，集聚了软件服务业、信息服务业、生物技术等高科技产业。西雅图市的林顿镇，形成围绕波音公司的航空产业链，带动了该镇半数以上的产业。明尼苏达州的梅奥镇，是全球顶级医疗中心梅奥诊所的所在地，十余万医护人员在此为来自全世界的患者提供尖端医疗服务。

（二）日本

日本是全球城镇化程度最高的国家之一，截至2015年，城镇化率超过92%，在这个过程中，小城镇发挥了十分重要的作用。在产业方面，不同的小镇因地制宜发挥自身资源禀赋优势，发展具有竞争力的主导产业。农林资源相对丰富的小镇，重视农业现代化建设，以蔬菜、水果、多作物、多品种生产为主，为市民提供优质农产品，满足绿化环境的需要。东京、大阪和名古屋三大城市圈周边的小镇主要通过招商引资承接各类现代制造业的转移需求。另外还有一些具有特色资源的小镇通过打造滑雪、温泉等产业，发展旅游养老等健康产业。

（三）苏南模式

苏南地区包括南京、苏州、无锡、常州、镇江五市，20世纪80

年代，随着改革开放如火如荼地开展，苏南地区乡镇企业也迅速崛起，为小城镇建设注入了全新的生命力。1992年，苏南地区工业总产值达到2300亿元，其中乡镇工业产值超过2100亿元，占全国乡镇工业总产值的16.8%（胡秀红，1998）。苏南模式的发展得益于政府对乡镇经济的规范管理和有效引导。《关于进一步加快小城镇建设的意见》和《关于推进小城镇建设加快城镇化进程的意见》等指导性文件于1999年和2000年相继出台，为小城镇科学、有序地发展提供了有效的政策依据，也有效促进了地区间的产业分工及地区内的产业集聚，促进了以小城镇为载体的乡镇工业园区和工业集聚区的形成。

三　我国小城镇产业发展存在的困境分析

（一）辐射带动作用弱

城市作为区域发展的中心，对周边地区起到带动和辐射作用，是地区经济、社会、文化发展的引擎，而小城镇作为连接城市与乡村的纽带，虽然对资源的集聚程度不如城市显著，却也是区域发展的重要支撑。小城镇受自身经济基础薄弱和行政级别较低的制约，其产业一般只能辐射到镇区、周边农村以及邻镇地区，而城市的产业辐射能力较强，不仅能覆盖市域范围内绝大部分地区，而且可能拓展到周边城市或省份。

（二）基础条件差

小城镇与城市相比，各方面条件都有显著不同，其经济基础较弱、文化生活贫乏、政策倾斜力度小等，形成了产业发展的基础性差异。经济方面，小城镇缺少完备的金融服务体系，市场辐射范围较小，高素质人才稀缺，罕有科技研发类机构。社会方面，小城镇的基础设施和公共服务水平明显偏低，极大地限制了优秀人才的引进和产业链高端环节的集聚。文化方面，小城镇的文化张力不足，体现为多元化和包容性不足，但是其往往特色鲜明、历史积淀深厚。政策方面，由于过去小城镇长期处于区域发展中的次要地位，缺少保障性的经济和社会发展规范及举措，很少具备优惠性的产业政策。

（三）产业初级结构单一

由于基础条件的限制和发展地位的局限，小城镇往往以农业或劳动密集型工业为主导产业，服务业发展严重不足，产业结构和层次单一，阻碍产业的健康发展，甚至影响社会经济的均衡发展。另外，由于小城镇产业载体层次不高、配套能力不足，往往只能发展机械、化工、五金、造纸、纺织等高耗能的制造业，而该类产业的过度发展和清污治理不足还会导致大气、水、空气等污染，制约产业升级，影响小城镇长远发展。

从产品类型来看，小城镇企业生产的多是一些初级产品。企业长期生产科技含量低的初级产品，积累慢，风险大，市场适应能力差，很难谈得上发展；小城镇整体产品结构过于低端，则会降低区域价值，进一步减弱小城镇对生产要素的吸引力。自 2010 年以来，我国大力发展文化创意、旅游休闲、生物医药、节能环保等新兴产业，其中有些新兴产业本应成为小城镇的发展机会，但小城镇显然没有成为这些新兴产业发展的主要载体。

四　小城镇产业优化导向与模式

（一）小城镇产业发展导向

20 世纪 90 年代，费孝通先生通过对我国乡镇经济的多番考察和深入研究，总结出了"温州模式"、"苏南模式"和"珠三角模式"。

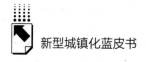
并着重分析了小城镇的形成机制。后来的其他学者在此基础上又进一步总结。小城镇是在一定的时空条件和发展规律下形成的，其形成主要有市场导向和政策导向两种情况。

1. 市场导向

市场机制主要通过市场中的供求机制、价格机制、竞争机制等相互作用来实现。市场机制主要通过满足小城镇内部需求、向周边市场提供商品和服务供给，促进产业的形成。随着小城镇周围农村地区经济的发展，生活和生产需求的内容和边际不断增加，人们对商品和服务的需求也日益增加，因此，一系列相关产业应运而生。例如，农业生产机械化，促使农机维修企业开始出现；收入水平提高，推动了农副产品加工产业日益壮大；产品贸易规模的扩大，使物流运输开站设点；互联网的广泛普及，促进了电子商务走进小城镇甚至农村。

2. 政策导向

政策导向主要包括政府通过制定法规、产业规划、出台财政、税收、信贷、价格、工资等产业政策的方式影响小城镇产业发展方向。例如，在北京城镇化过程中，处于原城乡接合部地区的东升乡，对下辖的集体资产进行整合清理，以股份形式量化给村民，并用集体土地建起了东升科技园区，吸纳信息技术、生物医药等领域的国内外尖端科技企业，逐渐成为北京著名的高新技术产业集聚区，实现了小城镇地区经济的跨越发展。

（二）小城镇产业优化模式

产业是小城镇发展的内在动力，据此可以把小城镇发展概括为以下几个模式。

1. 农业推动模式

农业是小城镇发展的基础性产业，农业推动的产业优化模式主要包括现代化发展模式和特色化发展模式。现代化发展模式主要以农业规模生产为基础，以农业现代化和科技化为手段，促进农业产品生产、加工、仓储、运输、营销全产业链协同发展，从而提高产业效率，适合东北、华北等粮食主产区的小城镇发展。特色化发展模式主要以特色农业为基础，打造有机食品、稀有农产品、休闲体验、康体娱乐等复合型的农业产品，摆脱量产，聚焦个性化需求。例如，云南省昆明市呈贡区的斗南镇，聚焦发展花卉产业，1999 年建成斗南花卉交易市场，2002 年，建成昆明国际花卉拍卖中心并投入运营，据上海无形资产评估中心的评估结果，斗南花卉品牌价值 32 亿人民币，成为我国花卉的代名词。斗南镇被国家林业部命名为"中国花木之乡"，成为国内外知名的花卉小城镇。

2. 工矿支撑模式

工矿业支撑型小城镇主要依托矿产资源或区位优势，大力发展工矿类的乡镇企业，吸收农村劳动力。一方面带动当地就业，另一方面通过引进科学技术和管理经验，提升小城镇的社会文明程度和消费水平，促进小城镇综合发展。如内蒙古自治区赤峰市元宝山镇，煤炭资源丰富，区位优势突出，地处内蒙古、辽宁、河北三省区交汇处，通过开采储量丰富的煤矿并就地发电，极大地推动了赤峰市的社会经济发展。

3. 商贸导向模式

商贸导向模式的小镇以商品流通为主要功能，集聚各类专业市场，促进资金流、人流、物流和信息流的空间集聚，从而形成地区内具备一定影响力的商贸集散地。如浙江省诸暨市大唐镇，从 20 世纪 70 年代开始，大唐镇的袜子产业就以家庭手工作坊和集市零散贸易为主起步。经过约 40 年的发展，产业横向分工和纵向分工明显，联合纺织袜业研究院、淘宝大学、天津股权交易所诸暨服务中心、高伦新材料研发机构、袜业指数发布中心等机构；与东华大学、西安工程大学、浙江农林大学等 25 家高校达成战略合作，服装设计专业的研

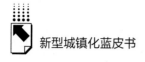

究生定期驻点研究创作。大唐镇生产的袜子总量占全国 70% 以上，占全球 1/3，成为名副其实的"国际袜都"。

4. 旅游拉动模式

旅游拉动模式指通过旅游拉动交通运输、批发和零售、房地产、文化娱乐、住宿和餐饮等相关产业的发展。旅游业门槛低、就业容量大且关联带动性很强，具有"逆自动化"的特点：制造业发展到一定程度，自动化水平会大大提高，对人力资源的数量需求反而下降；而旅游业越发展，服务产品越丰富，产业分工越细，需要的就业人数就越多，带动就业的能力强而稳定。丽江本是滇西地区交通闭塞的落后小城，1996 年因地震而为世人所知晓。通过震后重建，对古城进行了风貌维护和景观改造，以整座古城成功申报世界文化遗产，凭借鲜明的文化特色成为云南旅游的靓丽名片。2016 年，丽江共接待海内外游客 3519.91 万人次，旅游业总收入达到 608.76 亿元人民币。

五　小城镇产业优化路径建议

（一）自主创新，增强核心竞争力

民营经济是小城镇产业发展的主导力量，而自主创新则是民营经济的生命力，更是小城镇产业结构优化调整的关键因素，因此，小城镇亟须创新发展模式满足新需求，创新管理服务引进新要素，创新发展思路选择主导产业。随着国民综合素质和消费观念的迅速升级，科技价值和文化价值高的产品和服务广受青睐，小城镇需要创新产业的发展模式、生产结构，促进生产力和生产效率的全民面提高，方能满足国内外市场不断变化的新需求。我国要素市场开放程度不断提高，资金、人力和科技等产业要素在区域间的流动日益频繁，小城镇有大量机会凭借自身特色优势吸引新要素进入其产业体系中，带动产业升级，促进小城镇摆脱"低、小、散"的发展现状。主导产业在区域经济发展中占据主导和支配地位，是区域经济转型升级的引擎。在进行小城镇主导产业选择的过程中，应充分考虑如下几方面因素：一是该产业对小城镇总体发展的支撑度；二是该产业发展的潜力及前景；三是该产业与其他相关产业的关联度；四是该产业的就业带动能力、产业集聚能力和资金、技术等产业要素的吸纳能力；五是该产镇发展协同程度。

小城镇的基本特征决定了其主要发展模式的不同。处于中心城市周边地区或者区位条件突出的小城镇，可打造为城郊乡镇，应重点考虑承接中心城市转移产业，面向中心城市外延市场，带动关联产业发展；处于县域副中心或者发展基础较好的小城镇，可向专业镇方向发展，通过强化主导产业发展及其相关产业的聚集，建立产业集聚区，延长产业链条并提升相关配套；具备一定旅游资源且区位交通条件较好的小城镇，可打造成为风情小镇，重点发展旅游观光、休闲娱乐、文化创意、养生养老等（见表1）。

表1 小城镇主导产业选择模式

主要发展模式	基本特征	主导产业选择
城郊乡镇	中心城市周边地区或者区位条件突出	承接中心城市转移产业，面向中心城市外延市场，带动关联产业发展，逐步形成地区优势产业群
专业镇	县域副中心或者发展基础较好	通过强化主导产业发展及其相关产业的聚集，建立产业集聚区，延长产业链条并提升相关配套
风情小镇	有一定旅游资源区位交通条件较好	旅游观光、休闲娱乐、文化创意、养生养老等

（二）因地制宜，优选转型新模式

产业转型升级的模式和路径较多，就小城镇而言，应充分评估自

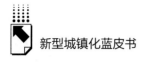

身的资源禀赋、经济发展阶段及特征、行政管理制度及机制，结合宏观发展形势选择适合自身的转型模式（见表2）。

表2　小城镇产业转型模式

划分标准	产业转型路径	路径特点	适合地区
经济发展的不同阶段	农业产业化路径	通过"公司＋基地＋农户"等农业产业化组织统筹农业生产的，促进标准化、专业化生产	农业生产占主导地位经济欠发达地区
	工业集聚化、园区化路径	以生产某种产品的若干个同类企业为核心，以为该类企业服务的上下游企业为骨架，集聚在某一个区域	制造业具备一定规模工业占主导地位的地区
	产业生态化路径	以追求社会、经济和环境综合效益为目标，以循环经济为理念的发展模式	经济发展遭遇环境"瓶颈"区域生态脆弱的地区
产业转型运行机制	政府主导型	政府成立专门的转型机构直接领导，制定转型战略并予以优惠政策	区域范围广，转型难度大的地区，如资源型小城镇
	市场主导型	依靠市场力量和企业投资决定区域的发展	主要适用于区位条件较好、市场机制运行良好的地区
	产业政策指向型	政府根据不同的发展阶段和有关产业的作用确定各个时期的重点产业发展，并予以政策扶持	具有一个强有力的政府，且能代表大多数企业意志的地区
产业梯度转移	梯度推移路径	发达地区首先掌握先进技术，然后将这些先进技术按剃度模式逐渐向"中间技术"地带、"传统技术"地带传递，逐渐缩小地区间差距	具有良好的区位，具备承接产业转移的相关基础设施和环境的地区
	反梯度推移路径	引进根植性好的先进产业，利用先进产业和先进技术的扩散性，带动区域跨越式发展	具有某一项或几项特殊优势的欠发达地区

（三）开拓市场，延伸基本产业链

产业链的本质是不同产业的企业之间的关联，而这种产业关联的实质则是各产业中企业的供求关系。向上游延伸主要是指向技术研发、原料供给等环节延伸；向下游拓展主要是指向市场及销售环节拓展。我国小城镇产业发展中，普遍存在基础条件差、辐射带动弱、附加价值低、产业初级结构单一等弱势，这说明其产业链仍具有极大的延伸空间，因此，延伸基本产业链是小城镇产业转型升级的又一重要路径。作为小城镇产业发展一般具有较强的关联性和根植性，因此，可以从挖掘新市场和挖掘新需求两个角度延伸产业链。

2016 年 11 月，国务院办公厅印发《关于进一步扩大旅游文化体育健康养老教育培训等领域消费的意见》，部署进一步扩大国内消费特别是旅游、文化、体育、健康、养老、教育培训等服务消费的政策措施。2015 年，中国人均 GDP 已经达到 8016 美元，预计 2018 年将超过 10000 美元，诸多新的消费需求都会随之而来，小城镇需把握这一新兴市场契机，延伸适宜的产业链条，提升产业能级。

参考文献

［1］何磊：《中国乡村——城镇转型的经济学分析》，博士学位论文，西北大学，2011。

［2］仇保兴：《全球视野下的城镇化模式思考》，《广西城镇建设》2012 年第 2 期。

［3］荣智慧：《中国城镇化大事记》，网上电子公告，2012 年 10 月 22 日。

［4］李克强：《在改革开放进程中深入实施扩大内需战略》，《求是》

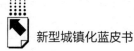

2012 年第 4 期。

[5] 潘家华、魏后凯：《中国城市发展报告 No. 5：迈向城市时代的绿色繁荣（2012 版）》，社会科学文献出版社，2012。

[6] 李佐军：《引领经济走向好的新常态》，载厉以宁、吴敬琏、周其仁等《读懂中国改革 3：新常态下的变革与决策》，中信出版社，2015，第 53 ~ 61 页。

[7] 胡秀红：《苏南地区小城镇发展的新特点》，《城市发展研究》1998 年第9 期。

B.6
特色小镇的产业选择

高淑萍*

摘　要：　现阶段我国特色小镇的建设如火如荼，本文重在探索特色小镇产业发展之路。首先，通过梳理全国与地方在推进特色小镇发展方面的政策，明确了特色小镇的机遇所在；其次，通过阐述特色小镇产业选择需遵循的内外部因素原则，从定性与定量角度明确特色产业的选择思路与方法；再次，分析文化旅游、休闲农业、健康养老、新兴产业和工业等特色小镇成功的产业基因；最后，按不同类型的资源禀赋，给出特色小镇可以选择的产业方向。

关键词：　产业选择　特色小镇　政策红利

一　机遇：特色小镇迎政策"红利包"

（一）国家关于推进小城镇的政策红利

2016年，一系列文件紧锣密鼓地对推进小城镇和特色小镇建设

* 高淑萍，经济学硕士，现任北京诚和敬投资有限责任公司战略研发部专家及研发业务负责人。从事养老产业全产业链的投资、并购、行业、企业战略规划和集团管控等前瞻性研究与实践工作，曾在养老、医疗、房地产等行业从事策划投资工作多年，为政府和企业编制战略规划、产业规划、盈利模式、小镇策划、企业养老规划等领域进行专业咨询服务。

工作进行了部署：2016 年 2 月国务院印发《关于深入推进新型城镇化建设的若干意见》，2016 年 3 月《国民经济和社会发展第十三个五年规划纲要》，2016 年 7 月住房和城乡建设部、国家发展改革委、财政部联合下发的《关于开展特色小镇培育工作的通知》，2016 年 8 月住房和城乡建设部下发的《关于做好 2016 年特色小镇推荐工作的通知》等。这一系列政策的出台拉开了全国如火如荼地建设特色小镇的序幕，各地在原有政策基础上，不断寻求新的突破，用政策来引导特色小镇的快速发展，肩负起结构性改革的重任。

（二）一线城市特色小城镇发展政策红利

北京市政府明确提出，"十三五"期间，将规划建设一批功能性的特色小城镇。[①] 上海市政府提出，力争到"十三五"末期，初步培育形成一个上海特色小镇群落。[②] 广东省政府在特色小镇会议上提出，到"十三五"末期将建成约 100 个省级特色小镇，打造"9 + N"特色小镇新形态。深圳市政府明确提出，坚持组团式布局和产城融合，把发展特色小镇作为提升城市品位、丰富城市内涵、完善城市功能的重要着力点。[③]

（三）东部沿海地区特色小城镇政策红利

2015 年 4 月，浙江省政府发布的《关于加快特色小镇规划建设的指导意见》提出，特色小镇作为近期工作抓手的施政新思路，对特色小镇的创建程序、政策措施等做出了规划，提出重点培育和规划建设 100 个左右的特色小镇。江苏省提出到 2020 年，力争形成 100 个左右的特色小镇和 100 个左右富有活力的重点中心镇。2016 年 6

---

① 《北京市"十三五"时期城乡一体化发展规划》，北京市规划局网站。
② 《关于金山区加快特色小镇建设的实施意见》，上海市金山区政府网站。
③ 《提升城市发展质量的决定》，深圳市政府网站。

月福建省政府印发的《关于开展特色小镇规划建设的指导意见》提出，务实、分批推进特色小镇规划建设，力争通过 3 ~ 5 年的培育和创建，建成一批产业特色鲜明、体制机制创新的小镇。

（四）其他地区特色小城镇政策红利

天津市政府提出，到"十三五"末期，发展目标是创建 10 个市级实力小镇、20 个市级特色小镇；发展策略是建设"一镇一韵、一镇一品、一镇一特色"的"实力小镇、特色小镇、花园小镇"。[1] 2016 年 7 月重庆市政府提出，力争在"十三五"期间建成 30 个左右在全国具有一定影响力的特色小镇示范点。[2] 贵州省政府提出，紧紧围绕"特色"打造小城镇升级版，继续支持 100 个示范小城镇建设发展，带动全省 1000 多个小城镇同步小康。[3]

二 探索：特色小镇产业选择"方法"

特色小镇一般是指城乡地域中地理位置重要、资源优势独特、产业相对集中、建筑特色明显、地域特征突出、历史文化传统保存相对完整的乡镇。特色小镇的特色重点体现在特色产业，而产业选择正确将是特色小镇成功的一半。因此，需要按照科学性、系统性、前瞻性等理念，采用定性与定量相结合的产业遴选"方法"，确定更适合小镇的重点产业。

（一）产业选择基本原则

（1）坚持开放原则，遵循消费导向。特色小镇产业选择要跳出

---

① 《天津市特色小镇规划建设工作推动方案》，天津市规划局网站。
② 《关于培育发展特色小镇的指导意见》，重庆市政府网站。
③ 见《关于加快推进小城镇建设的意见》等文件，贵州省政府网站。

小镇看小镇，坚持产业承接和融合，做到两手抓：一手抓大城市中心城区产业功能疏解，一手抓服务"三农"的休闲旅游、商贸物流、信息科技等产业导向，起到桥梁作用。另外，在中国经济新常态下，消费已被列为推动经济增长的"三驾马车"之首，国务院办公厅印发的《关于进一步扩大旅游文化体育健康养老教育培训等领域消费的意见》提出，围绕旅游、文化、体育、健康、养老、教育培训等重点领域，引导社会资本加大投入力度，通过提升服务品质、增加服务供给，不断释放潜在消费需求。因此，产业选择要考虑消费导向、适应政策和市场需求。

（2）坚持创新驱动，选择特色产业。特色小镇的核心一定是聚焦特色产业，如文旅小镇、养老健康小镇、基金小镇等，均是以一种产业为切入点，形成文化＋、养老＋、基金＋等融合发展的产业集群。因此，一是要从本地区情况出发，着重发展本地具有竞争优势和资源禀赋的重点产业，形成能够体现本地优势和特色的竞争力产业结构；二是要融合自然历史文化禀赋，发展有历史记忆和文化脉络的重点产业，形成符合实际的产业发展模式；三是通过科技化、智能化、信息化等应用实现城市文化品质的提升，促进小镇经济发展成为具有时代精神、引领区域方向的宜居、宜业、宜乐小镇。

（3）坚持协调发展，实现产业联动。协调是可持续发展的内在要求，着力解决发展的不平衡性，增强发展的整体性。坚持协调发展必须综合处理各方面关系，增强"协同效应"。一是与小镇外部大区域产业的联动，依托大区域的城市定位和产业定位，注重各种产业之间和三次产业之间的"融合关系"，明确小镇在大区域中的占位，产业选择的思路是产业链的延伸，还是培育新的产业；二是小镇内部产业的协调发展，产业选择需要依托小镇经济现有产业基础和经济实力，选择适合的1~2个重点产业，通过与配套产业的组织关联，带动其他产业的发展，从而推动和促进整个区域产业的可持续健康发展。

（4）坚持绿色发展，发展低碳产业。按照科学发展观的要求，重点产业的选择要协调经济发展与环境保护之间的关系，有利于保护城市特色和提升城市形象，从而实现城市的可持续绿色发展。着力推进绿色、循环、低碳的发展，节约利用水、能源、土地等资源，减少环境污染，力争选择绿色低碳产业，积极争取绿色金融项目，快速建设绿色低碳小镇。

（5）坚持共享发展，带动当地就业。必须坚持发展为了人民、发展依靠人民、发展成果由人民共享。在产业选择中，需要考虑产业吸纳当地就业人口的能力，有利于实现"产城融合"发展，从而实现人口合理流动和推进农民市民化，最终使全体居民共享小镇建设的发展成果，进而推动实现"幸福中国"。

（二）备选产业确定思路

产业门类选择是一套系统筛选逻辑，在选择产业时可以进行两个方面的分析，分为外部因素和内部因素。

（1）外部因素分析。一是国家层面，通过五年经济规划、年度经济工作会、区域规划、战略新兴产业、特色产业、产业相关政策等文件，寻找国家重点支持、大力发展、着力培育的产业；二是区域上位规划的导向，从城市产业规划指导、城市规划、产业相关政策等文件中发掘区域重点支持、大力发展、着力培育的产业；三是关于先进区域发展阶段判断其应有的产业，利用产业发展模式初步判断，从而培育新兴产业，满足居民日益增长的需求。

（2）内部因素分析。一是小镇所在区域功能提升与品牌打造，将小镇发展成区域主中心或次中心，要想提升区域功能，就需要培育新兴产业，实现未来的主导产业，因此，功能定位要求的产业，创造条件也要上。同时，打造小镇所在区域品牌，提高整体区域文化品质。二是小镇经济产业结构升级，从工业升级到服务业、从农业升级到服务业以及产业内部结构升级，采用递进式的产业提升或跨域式的三次产业融合发展，尤其是在大城市周边的小城镇，满足城市居民日益增长休闲需求是大势所趋。如北京周边小镇需要发展休闲旅游、度假旅游、古镇旅游、文化旅游等综合性产业，实现第一产业与第三产业的融合。三是小镇经济与资源禀赋挖掘，如土地或人力成本低、旅游资源丰富、交通资源发达、地理位置优越等适合产业发展的资源禀赋，尤其围绕农业生态资源，提供休闲旅游、配套商务、农业采摘、主题公园等相关产业的发展空间较大。

通过以上因素分析，形成产业备选库为下一步建立产业筛选模型提供备选产业。

（三）备选产业选择分析

对于备选库中的产业，采用产业筛选矩阵因子体系和评分权重，Y轴表示产业吸引力（产业规模、产业增长效益、产业关联度拉动就业能力、环境绿色指数等指标）；X轴表示小镇区域发展条件（自然资源、基地规模、用地规划、市场知名度、综合成本等指标），通过对这两个维度进行分析。此种产业筛选模型一般应用于区域内主要是传统产业，基本没有新兴培育产业发展的小镇，通过定性打分，再通过定量分析确定主导产业。在此，主要介绍区域有一定产业基础，用定量方法分析比较优势、发展潜力、需求收入、经济效益、产业关联、产业利润六个方面。

（1）比较优势分析

区位商①通过各产业部门在各地区的相对专业化程度能间接反映区域间经济联系的结构和方向，常用的测定区位商的指标可以是产

---

① 区位商（Location Quotient），也称生产的地区集中度指标，常用于确定一个地区某一部门的专业化水平。

值、产量、就业人数等。区位商公式：Q =（A1/B1）/（A2/B2）。
具体应用到小镇上，A1 代表某一小镇某一行业主营业务收入，B1 代
表某一小镇所有行业主营业务收入之和，A2 代表某城市（或区域）
某一行业主营业务收入，B2 代表某城市（或区域）所有行业主营业
务收入之和。Q≥1，则该小镇在该行业的集中程度大于或等于城市
（或区域）的平均水平，说明该行业是该小镇的专业化部门和产品输
出部门。反之，则该行业不是该小镇的专业化部门。

（2）新兴产业发展潜力

新兴行业是指通过一些因素新形成的或重新形成的行业，包括技
术创新、相对成本关系的变动、新的消费需求出现，或其他经济及社
会方面的变化。文化创意产业、养老养生产业、健康产业、休闲旅游
产业、观光休闲农业、高新技术产业、云计算等均属于新兴产业，而
且新兴产业多是综合产业，由于统计数据无法获取且产业发展处于成
长期，需要通过增长速度与发展趋势进行判断。一般年均绝对增长速
度大于 10%，或者该产业年均相对值增长弹性系数大于 1，表明该产
业继续发展具有增长优势。

（3）市场需求收入分析

市场需求收入可用需求收入弹性系数来分析，其一般表达式为：

$$Em = (\Delta Q/Q)/(\Delta I/I) \tag{1}$$

其中，Em 表示需求收入弹性系数；Q 表示需求量；ΔQ 表示需求
量的变动量；I 表示收入；ΔI 表示收入的变动量。

小镇经济的备选产业中，各行业的需求收入弹性均大于 1，有的
超过 5。

（4）经济效益分析

产业经济效益可用比较利税率系数来衡量，比较利税率系数等于
某地区某产业的产值利税率与全国该产业的产值利税率的比值，所得

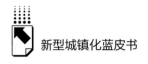

值越大，说明该产业的经济效益越好。

（5）产业关联分析

产业关联分析即分析产业对前向、后向以及旁侧产业的带动效应。如果某产业的感应度系数大于1，说明该产业感应度高，受各产业部门影响的程度较高。

（6）技术进步分析

通过产业附加值反映备选行业技术进步能力，即某产业利润率。

通过定量分析，为小镇经济重点产业的确定提供方向，因此，形成主导产业、关联产业、配套产业，但是在实际中并不要求所有的要素都满足，前2个指标评价区域内产业，后4个指标评价产业自身发展，一般至少需要满足2项以上指标。此外，对于发展落后的区域，产业选择需要根据区域资源禀赋采用定性与定量相结合的产业筛选模型方法。

（四）主导产业重点分析

在确定主导产业的基础上，需要进一步对主导产业的进行深度分析，明确产业重点。一方面是分析纵向产业链，从产业属性出发，结合国内外先进经验，搭建完整的纵向产业链。分析当地已发展产业在该产业链上已经实施了哪些项目，这些项目是否达到了最大规模，是否还有发展的空间；再分析当地产业在这个产业链上还具备开发哪些其他环节的条件。另一方面是分析横向产业，横向产业形成是指同类型企业的形成，形成产业集群之初，企业之间更多的表现为竞争关系，但形成产业集群后，会形成协同效益，因此，分析当地已形成的龙头企业，这些企业是否达已达到最大规模，还可以培育哪些企业作为龙头企业。

三 借鉴：特色小镇成功的产业"基因"

此次特色小镇热潮始于浙江，但无法确定浙江首创，北京、天津、江西南昌等地都曾提出建设特色小镇并在持续推进。我们通过研究国内外一些特色小镇，可以从中发现其特色产业的基因。

（一）立足文化与资源——"文化＋旅游产业"小镇

文化旅游小镇依托文化传承，以自然资源禀赋基础，以文化旅游产业为核心，形成以商业、居住、餐饮、风景等为特色的产业集聚群，满足休闲度假和探秘古镇文化的需求。国外有很多此类小镇，如拥有浪漫紫色花海的普罗旺斯、湖光山色的卢塞恩小镇、以温泉养生功效为特色的法国温泉小镇，国内有江南乌镇等。

乌镇位于浙江北部桐乡县北端，有悠久的历史、浓郁的水乡风情和深厚的文化底蕴。按照旅游定位规划后的乌镇分为传统作坊区、传统民居区、传统文化区、传统餐饮区、水乡风情区、传统商铺区六个功能区，以其自然环境与人文环境和谐相处的整体美，呈现江南水乡古镇特有的魅力。

（二）立足农业资源——"休闲＋农业"小镇

休闲农业小镇立足农业资源，以休闲度假产业为核心和切入点，通过资源整合形成休闲、娱乐、餐饮、种植、养殖、会议、生态农业观光等，满足城市居民"5＋2"或一日游的度假养生需求。在国内大城市周边及城乡接合部，各类休闲农业小镇如雨后春笋般出现。例如，北京朝阳区蟹岛绿色生态度假村总占地3300亩，园区规划分四大版块：种植园区、养殖园区、科技园区和旅游度假园区。度假村以产销"绿色食品"为特色，以餐饮、娱乐、健身为载体，既有"前店后园"田园风格的农家小院，也有现代豪华温泉游泳馆、康体宫、保龄球，还有新兴的日式"飞博运动营"，形成集种植、养殖、旅游、度假、休闲、生态农业观光为一体的休闲农业小镇。

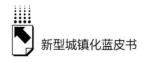

（三）立足区位优势，满足养生度假——"养老+健康"小镇

养老健康小镇以度假养生房地产业为核心和切入点，通过资源整合形成以老年教育、医疗、休闲娱乐、商业为配套产业，满足一批活跃长者"一站式"的度假养生需求。在国内有早期的北京太阳城、新兴的学院式养老社区乌镇雅园，国外最早有美国太阳城。

美国西海岸的 CCRC 太阳城，是以退休老年居住和度假为特点，以养老社区为内容的退休疗养新城。它位于美国佛罗里达州西海岸的坦帕市郊，占地 33.2 平方公里，主要针对老年人的退休疗养需求，提供完善多样的配套和人性化的服务，为老年人打造专业服务和设施，力图让老年人在此安享晚年。截至 2009 年，太阳城已拥有世界各地的住户约 16 万，无论是太阳城的面积还是人口目前仍处于继续猛增的态势。

在日常生活中，很多俱乐部、老年活动中心和老年人学校等专业机构，为老年人组织各种各样丰富多彩的活动，满足了老年人社交、锻炼和生活娱乐的需求。太阳城中具有完善的医疗服务，有数百个医疗诊所遍布大街小巷，各种专业的牙科、眼科以及心脏科诊所一应俱全，为每一个患有心脏病等严重疾病的老人随身佩戴形如项链的报警装置，如果老人感到身体不适，只要按一下报警设备，救护车就会以最快的速度赶到。

（四）依托城市新兴产业——"高端+新兴产业"小镇

杭州作为信息经济的土壤，企业依托阿里巴巴互联网经济，选择以云计算为核心，将大数据和智能硬件产业的高端战略性新兴产业作为主导产业，并通过产业链整合，形成产业生态圈与企业集群。云栖小镇位于杭州市西湖区，规划面积 3.5 平方公里，发展非常迅速，目前已经集聚了一大批云计算企业，2015 年实现了涉云产值近 30 亿元，完成财政总收入 2.1 亿元，累计引进企业 328 家，其中涉云企业达 255 家，产业已经覆盖云计算、大数据、互联网金融、移动互联网等各个领域。产业领军人物王坚博士作为名誉镇长，是云栖小镇的主要创建者，也是阿里巴巴的首席技术官、阿里云的创始人。云栖小镇有一个全新的产业生态，构建了"创新牧场－产业黑土－科技蓝天"的创新产业生态圈①；有一个世界级的云栖大会，是全球规模最大的云计算以及 DT 时代技术分享盛会，打造了整合全球产业资源的平台，"2015 年杭州云栖大会"吸引了全球 2 万多名开发者以及 20 多个国家、3000 多家企业的参与。

（五）立足工业基础——"文化 + 工业"小镇

文化工业小镇一般具有工业的历史底蕴，进而通过发掘工业文化，形成各具特色的文化工业旅游小镇，目前在国内传统产业升级过程中，很多市区工业搬迁，需要对原有厂址进行重新利用，如北京首钢、沈阳铁西、贵阳贵铝等，可以形成具有工业文明和历史特征的文化工业旅游小镇。另外，国内正在建设的现代化工业小镇，如厦门集美汽车小镇坚持"精而美"、"多规融合"和节约集约发展，合理规划生产、生活、生态等空间布局，规划区域面积控制在 3 平方公里左右，按照最低 3A 级景区以上标准建设。美国飞机小镇位于美国佛罗里达州，是世界上规模最大的航空社区，几乎家家有飞机。该小镇原是二战时期的空军村，后来经过改造成了著名的飞机小镇。镇上有居民 5000 人，住宅 1500 座，飞机库就有 700 个，有的家庭拥有的飞机

① "创新牧场"是凭借阿里巴巴的云服务能力，淘宝天猫的互联网营销资源和富士康的工业 4.0 制造能力，以及像 Intel、中航工业、洛可可等大企业的核心能力，打造全国独一无二的创新服务基础设施。"产业黑土"是指运用大数据，以"互联网＋"助推传统企业的互联网转型。"科技蓝天"是指创建一所国际一流民办研究型大学，就是西湖大学，现在已经在紧锣密鼓地筹办当中。

还不止一架。它为富有的居民提供了用飞机取代汽车作为交通工具的便利条件，飞机小镇除了要提供日常生活所需的设施外，还必须建有飞机的必备设施，如机场、跑道、滑行道、停机库等。玻璃小镇康宁属于典型的由龙头企业带动产业的发展模式，因生产玻璃制品，拥有玻璃博物馆和玻璃研发中心而享有"玻璃城"的美誉。1868年前，康宁仅是纽约州一个安静的农业小镇，随着布鲁克林玻璃公司从纽约迁到康宁以及铁路通车，康宁的玻璃制品迅速红遍美国，享誉世界，就像中国景德镇的瓷器一样，在世界上闻名遐迩。

（六）立足人才资源——基金小镇

基金小镇立足金融从业者的资源禀赋，通过一个金融产业领军人才，逐步形成了传播效应，聚集了大量的产业，目前深圳地铁集团与前海金控联手，打造前海深港基金小镇，使其成为联系海外主要金融中心及国内主要金融小镇的重要中枢，旨在将其打造成深圳的又一张金融名片。国外著名的美国格林威治小镇起初是纽约金融从业者逃避城市的生活之地，20世纪60年代传奇投资人巴顿·比格斯在格林尼治设立了第一支对冲基金。到20世纪90年代，对冲基金开始在格林尼治周边聚集，最多时近4000家。现在虽然只有500多家，但企业规模更大，其中Bridge Water一家公司就掌管了1500亿美元的规模。全球350多支10亿美元以上的对冲基金有近半数总部在此。

四 结论及建议

综上所述，全国多个省份提出了特色小镇发展目标和规划，按照"政府引导、企业主体、市场运作"模式推进。城市运营商在打造小镇的运作过程中，在抓住机遇和解读政策的基础上，明确产业的切入点，分析重点产业选择，对于大区域是创链、延链、补链等作用。对于农业产业，一方面可以发展农业产业化经营，建设一批特色农副产品生产、加工和销售基地，另一方面结合休闲旅游需求发展休闲旅游农业；对于旅游资源丰富的地区，立足风景名胜及人文景观，大力挖掘小镇的自然环境、历史文化、民俗民风等特点，积极发展观光休闲旅游业和养老养生的健康产业；对于科技创新基地，要积极发展创新产业。截至 2016 年，众多知名企业都参与到特色小镇的建设中，从类别看，房地产开发商与产业龙头企业是两股主要的力量。因此，企业在进入特色小镇的过程中，一定要明确自己在投资、建设、产业运营等整个链条中的环节，结合企业的优势在节点发力，实现企业的发展，从而推动我国特色小镇的健康发展，而不是沦为一个又一个"造城运动"，真正成为类似于"霍华德"田园城市理念下的既具有现代城市的便捷，又具有农村田园气息的特色产业的魅力小镇、健康小镇、生态小镇。

参考文献

［1］《国家新型城镇化规划（2014—2020 年)》，http：//www. gov. cn/
    zhengce/2014 –03/16/content_ 2640075. htm，2014 年 3 月 16 日。

［2］张其悦：《以"特色"引领小城镇建设》，《重庆日报》2011 年 7
    月。

［3］《新型城镇化须以产业发展为基础不摆"空城计"》，央广网，
    http：//finance. cnr. cn/jjpl/20160714/t20160714_ 522681400. shtml，
    2016 年 7 月 14 日。

［4］杨天举：《特色小镇不能简单复制浙江模式》，新华网，2016 年 12
    月 1 日。

［5］《关于深入推进新型城镇化建设的若干意见》，http：//www. gov. cn/
    zhengce/content/2016 –02/06/content_ 5039947. htm，2016 年 2 月

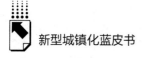

6 日。

［6］《国民经济和社会发展第十三个五年规划纲要》，新华网，http：//
news. xinhuanet. com/politics/2016lh/2016 – 03/17/c_ 1118366322.
htm，2016 年 3 月 17 日。

［7］《关于开展特色小镇培育工作的通知》，住房和城乡建设部网站，
http：//www. mohurd. gov. cn/wjfb/201607/t20160720 _ 228237. html，
2016 年 7 月 1 日。

［8］《关于做好 2016 年特色小镇推荐工作的通知》，住房和城乡建设部
网站，http：//www. mohurd. gov. cn/wjfb/201608/t20160803_ 228412.
html，2016 年 8 月 3 日。

［9］《关于开展特色小镇规划建设的指导意见》，福建省人民政府网站，
http：//www. fujian. gov. cn/fw/zfxxgkl/xxgkml/jgzz/fzggwjzc/201606/
t20160608_ 1177263. htm，2016 年 6 月 8 日。

［10］《关于加快特色小镇规划建设的指导意见》，浙江省人民政府网
站，http：//www. zj. gov. cn/art/2015/5/4/art_ 32431_ 202183. html，
2015 年 5 月 4 日。

［11］《关于进一步扩大旅游文化体育健康养老教育培训等领域消费的
意见》，http：//www. gov. cn/zhengce/content/2016 – 11/28/content_
5138843. htm，2016 年 11 月 28 日。

加快农地流转创新推动
新型城镇化进程

郭 莹*

摘　要： 农村土地是新型城镇化的载体，而缓解和解决农村土
地问题是新型城镇化的应有之义。在新中国成立后60
年的农村土地改革历程中，土地政策发生了若干次重
大的变化。我国于2014年提出新型城镇化战略后，农
村土地流转进入一个新阶段：土地政策逐步放开，市
场化行为逐步增多，宅基地利用方式逐步扩展。在这
一过程中，虽然很多土地利用模式得以创新，但也衍
生了很多矛盾和问题。如何在国家政策红线基础上进
一步创新农村土地利用模式，平衡人地矛盾、国家政
策与开发主体诉求、产业功能与地产功能之间的一系
列关系，是本文探讨的重点。

关键词： 新型城镇化　土地流转　集体土地　宅基地

纵观我国近代农地流转的发展历程，主要经历了"禁止—限

* 郭莹，经济学硕士，毕业于西南财经大学物流管理专业，现就职于中交集团水运规划设计
院。擅长领域为战略规划和中长期发展规划、产业发展规划、园区规划及项目策划、智慧城
市规划等，先后参与和主持过30余个规划、策划咨询项目，涉及工业、物流、商业、旅游、
现代服务业、文化创意产业、数字信息产业、农业等多个行业。

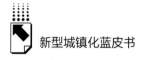

制—放开—规范"的过程。新中国成立初期对农地流转的"禁限"主要是因为当时国家的生产力水平较低，百废待兴，国家农业基础差、人口多，土地作为国家的根本，应严格限制农地流转以保障人民温饱。改革开放以后，由于人民生活水平、城镇化率和工业化水平都迅速提高，进城务工人员越来越多，城镇化水平逐渐滞后于工业化水平，导致"离土不离乡，进厂不进城"、农村空心化、耕地撂荒等问题的出现。在经历了一个时期的城镇化"野蛮增长"之后，我国提出了新型城镇化的理念。

一 我国农村土地制度发展历程回顾

（一）土地改革时期（1947～1952年）

1947年10月10日，中共中央公布了《中国土地法大纲》，在解放区废除封建性及半封建性剥削的土地制度。1949年，中国确立了土地的社会主义公有制，同时宪法明确规定"任何组织或者个人不得侵占、买卖、出租或者以其他形式非法转让土地"。1950年6月30日，中央人民政府根据新中国成立后的新情况，颁布了《中华人民共和国土地改革法》，在全国范围内废除地主阶级封建剥削的土地所有制，实行农民的土地所有制。这标志着我国存在两千多年的封建土地所有制从此被彻底摧毁，确立了土地国有制和农民土地私有制并存的土地制度，实现了"耕者有其田"。这就形成了旧的国有土地使用制度的主要特征：一是土地无偿使用，二是无限期使用，三是不得转让。由于没有把土地的所有权和使用权分开对待，土地被无偿占用、乱占、多占的现象严重，造成土地资源的极大浪费。

（二）农业合作社时期（1953~1956年）

1953 年，中共中央先后通过《关于农业生产互助合作的决议》和《关于发展农业生产合作社的决议》，中国农村开始了互助合作运动。到 1956 年底，全国入社农户占农户总数的比例将近 90%。

（三）人民公社和计划经济时期（1957~1978年）

1958 年，中共中央召开政治局扩大会议，通过了《关于在农村建立人民公社的决议》，决定在全国农村普遍建立政社合一的人民公社，并提出扩大公社规模，在并社过程中自留地、零星果树等都将逐步"自然地变为公有"。会议结束后，短短一个多月的时间内，全国农村除西藏自治区外基本上实现了人民公社化，社员自留地等全部收归公有。至此，个体农民土地私有制宣告结束。

人民公社前期的土地政策（1959 年 1 月~1966 年 5 月）。1959 年中共中央召开了以解决人民公社所有制和纠正"共产风"问题为主题的政治局扩大会议，会议起草了《关于人民公社管理体制的若干规定（草案）》，规定人民公社实行"三级所有，队为基础"的体制，从而确定了我国农村土地以生产队为基本所有单位的制度，并且恢复了社员的自留地制度。

人民公社"一大二公"制度严重超越了当时历史条件下的现实生产力和人民思想觉悟水平，挫伤了农民生产的积极性、主动性和创造性，导致农业和农村发展迟滞、缓慢，长期处于徘徊局面，农民生活水平提高速度很慢。1958~1978 年，农民纯收入由 87.6 元增加到 133.6 元，年平均增长不到 3 元。

（四）承包经营权三年一动（1978~1993年）

这一阶段经历了农村土地承包经营权从禁止到逐步放开的过程。

1978 年小岗村村民创立了"大包干"制度，并取得了良好效果。1979 年 3 月，原国家农委党组织在《关于农村工作问题座谈会纪要》中明确指出："深山、偏僻地区的独门独户，实行包产到户，也应当许可。"1980~1981 年，农村土地承包经营权在小范围内被允许。1980 年 9 月，中共中央在《关于进一步加强和完善农业生产责任制的几个问题》中规定："在边远山区和贫困落后地区，集体经济长期搞不好的生产队，群众要求包产到户的，应当支持，也可以包干到户。"1982 年后，农村土地承包经营权全面推广。

（五）工业化推动城镇化加速发展时期（1993~2001年）

这一阶段中国改革开放效果逐渐显现。在这近 10 年的时间，中国城镇化率从 28.14% 增长到 37.66%，年均增速为 1.06%。沿海开放城市积极承接日韩欧美产业转移，大力发展劳动密集型产业，从而促使农村大量人口抛弃农村土地，进城进厂务工。这一时期农村发展长期滞后，耕地摞荒问题日益严重，"三农"问题突出。由于大量农民进城务工，农村逐步出现空心化现象，农民虽在城镇中，却没有享受城镇居民的公共服务，表面上城镇化率提升了，实际上城乡矛盾却进一步加剧。

（六）城镇化（房地产）推动工业化发展时期（2002~2013年）

2002~2013 年，中国城镇化率从 39.10% 增长到 53.73%，年均增速达 1.2%（见图 1）。2002 年颁布、2003 年 3 月实施的《农村土地承包法》，标志着国家赋予土地承包经营权的物权性质。这一阶段对土地流转进行规范，农村土地流转速度加快。值得注意的是，2000~2010 年，国内城市建设用地扩张 83%，但同期包括农民工在内的城镇人口仅增长 45%，土地城镇化与人口城镇化的速度极不匹配。

这十多年中国房地产飞速发展，很多地区房地产在 GDP 中占比超过 8％，成为支柱产业。房地产业的巨额利润促进很多企业跨界参与房地产，从而变相参与到农村土地流转的过程中，土地收入成为地方政府的重要经济来源之一。

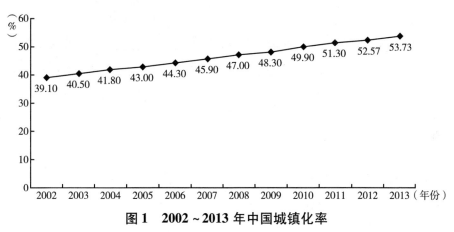

图 1　2002～2013 年中国城镇化率

（七）新型城镇化发展时期（2014 年后）

2014 年，国家为抑制土地城镇化与人口城镇化的错位及轰轰烈烈的"造城运动"，治理"空城鬼城"等畸形的城镇化等现象，发布了《国家新型城镇化规划（2014—2020 年）》，中国城镇化进入新阶段。新型城镇化是以城乡统筹、城乡一体、产业互动、节约集约、生态宜居、和谐发展为基本特征的城镇化，进一步放宽了农村集体经营性建设用地的上市权限，也进一步保障了农户的宅基地用益物权。

二　我国农村土地流转的现状及问题

（一）国家对农村土地的几条"红线"

1. 18 亿亩耕地红线限制

《全国土地利用总体规划纲要（2006—2020 年）》按土地用途将

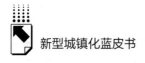

土地分为农用地、建设用地和未利用地。根据《2001年中国国土资源公报》，全国划定基本农田16.32亿亩，这可能是最早的耕地红线。2006年3月，十届全国人大四次会议上通过的《国民经济和社会发展第十一个五年规划纲要》指出，"十一五"期间耕地保有量保持1.2亿公顷（18亿亩）是要努力实现的经济社会发展主要目标之一。这是18亿亩耕地红线的起源。2008年出台的《全国土地利用总体规划纲要（2006—2020年）》指出，要"守住18亿亩耕地红线"，全国耕地保有量到2010年和2020年分别保持在18.18亿亩和18.05亿亩。

2. 宅基地上市流通限制

按照《物权法》目前规定，宅基地只能在村集体内部流转，不允许城镇居民或村集体外其他农村居民购买。

3. 集体土地使用权抵押限制

《物权法》第一百八十四条规定：耕地、宅基地、自留地、自留山等集体所有的土地使用权不得抵押，但法律规定可以抵押的除外（指《物权法》第一百八十条第三项以招标、拍卖、公开协商等方式取得的荒地等土地承包经营权）。但集体土地使用权的抵押限制目前在国内部分试点区已经逐步开放，抵押方式正在逐步探索中。

（二）土地流转现状

1. 农村土地流转面积和方式

我国的农村土地流转以转包和出租两种方式为主，根据2011年数据，两者占比之和超过78%（见图2），股份合作等新兴流转方式应用较少。

2. 农村土地流转去向及用途

据统计，我国农村土地流转后，应用于基础设施等相关领域的土

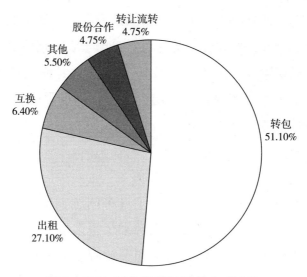

图2　2011年各种耕地流转方式占比

地比例过半，应用到第二产业进行工矿仓储的土地与应用到房地产开
发的土地规模相似，三者构成了农村土地流转的最大用途（见图3）。

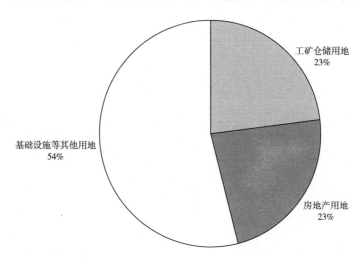

图3　全国农村土地流转各去向用途占比

3. 农村土地流转的期限

农村土地流转的期限与土地所在区域的城镇化水平关系密切，因

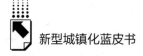

此各地流转期限差别巨大。主要的影响因素在于当地土地产权的稳定性和确定性。例如，黑龙江、福建等省份由于农地租赁的不确定性较大，流转合同期限往往比较短，以 1～2 年为主；而在贵州、陕西等西部地区，由于土地产权相对稳定，流转合同期限较长，一般在 10 年左右，最长可达 30 年。

（三）问题和挑战

我国在新型城镇化过程中产生了许多问题，比较突出的有：农村人地新矛盾的激化给新型城镇化带来了很多制约和风险；我国土地广阔，各省份由于经济发展水平和开放程度有所区别，土地政策也不同，各地户改政策与农村土地制度存在较大冲突的现象时有发生；随着房地产开发项目逐渐向城乡接合部土地侵蚀，开发商的逐利心态导致农村土地流转的违规现象频出。这些问题凸显了我国新型城镇化政策存在的一些漏洞，但也催生了一些农村土地流转的创新模式。

三 农村土地流转制度的地方探索创新

截至 2015 年年底，全国完成了 69 宗、758.33 亩农村集体经营性建设用地入市[①]，宅基地制度改革在各个试点地区因地制宜地进行了探索，试点工作正从方案向制度试验过渡。

（一）流转方式创新

1. 地票制度

地票制度的创新起源于重庆市，"地票"的含义是农村住宅用地

---

① 中华人民共和国国土资源部：《2015 中国国土资源公报》，2016。

及其附属用地、乡镇企业用地、农村公共用地等经过复垦开发后，以票据的形式通过重庆农村土地交易所在全市范围内公开拍卖。

2. 互换模式

为解决每户土地过于分散的问题，保证土地流转后可进行机械化耕种，有些地方开创了土地流转的互换模式。这种模式其实是在传统合作社模式上的进一步改进，典型案例有新疆沙湾县。

案例1 新疆沙湾县土地互换模式

（1）项目背景

2004 年，新疆沙湾县从建设兵团引进节水灌溉技术。但在村集体包产到户的生产体制下，土地承包权分散，导致工程造价成本高，很难实现兵团那样的规模效益。于是，沙湾县开展了土地互换的改革创新。

（2）土地互换流程

第一步，定方案。沙湾县充分考虑农民意愿，积极宣传先进农业技术的好处，创造条件带领农民到兵团体验参观，改变农民的观念和想法。在自愿的前提下，党员和村委成员深入与村民协商。草案先经过村民大会讨论，得到98% 以上农户的支持。第二步，核准土地。由村委会主持，在村民的监督下对全部耕地重新丈量，结合土质、区位、肥力等因素适当调整后核准互换面积，互换过程中剩余的零星地块统一由村集体收回。第三步，签约。村集体和农户双方签署《土地互换合同》，农户方由全部家庭成员签字，以彻底避免传统家庭关系中的纠纷因素。合同生效后三个工作日内落实。

（3）实施成效

土地互换后，沙湾县的耕地形成了以条田为单位的适度规模化地块，同条田内经营者多为亲友关系，加上村委会随时维持调解矛盾，有效维持了稳定的生产关系与和谐的邻里关系，先进农业技术的体制

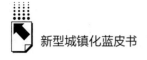

性障碍基本上被消除。

3. 土地拍卖模式

土地拍卖模式获得了国家农业部的认可，该模式一般适用于大宗土地的流转，可以推动农村土地经营权成规模、有规范地流转。

案例2　辽宁省海城市土地拍卖模式

辽宁省海城市积极创新，开创了土地流转的拍卖模式。竞拍前由村委会对土地进行整理，集中流转。为了使土地形成规模优势，针对无流转意愿的村民采取置换的方式以达到土地集中成片的效果。整理完毕后需经村民统一协商制定流转条件，再拿到产权交易中参与竞拍。竞拍前的准备工作由交易中心负责，交易中心凭广泛的信息资源和规范的运作机制组织召开拍卖会，拍卖会之前对转出方的权属、竞价人的资格和生产项目等方面进行审查备案。拍卖会采用公开竞价的方式竞拍土地承包经营权，最终成交价格由市场决定，关于成交价格的溢价部分，按比例分到村集体和村民手中。拍卖交易成功后，双方签订交易合同，成交价格在存续期内保持不变，产权交易中心会发放给流入方的土地流转经营权证，在保证流转土地稳定性的同时流入方可凭借经营权证进行质押贷款，为更好地经营创造条件。另外，交易中心也会严格管控流入农业生产项目，以防产生土地的用途行为发生改变。

2014年底，海城市农村产权秋季交易会上，牛庄镇西头村一块1517.7亩的集中连片水田引起了三个竞价方的激烈竞拍，最终以122万元成交。

（二）利用方式创新

目前，集体建设用地的产权被现行土地严格限制，导致其现实价值被严重低估。经过征地——收储——一级开发——二级开发这一系列产权变更后，集体土地变为国有土地和私有房产，价值实现数轮倍增，而土地原主人——村集体农民受益极少。开发利润的本质是制度改革红利，而制度的二元化导致红利分配严重不均。在当前宪法规定的土地制度框架内，要完成相对公平的产业用地开发，盘活集体建设用地是土地管理制度的重要突破方向。

1. 一产三产化

一产三产化是目前企业参与城镇化建设过程中比较常见的一种方式。所谓一产三产化是指发展休闲农业，通过发展小规模精品农业带动观光旅游、休闲度假等产业落地，种植作物主要有水果、蔬菜、棉花、花卉等具有一定观赏性和参与性的经济型作物，另外还有动物养殖。这种方式被广泛应用的原因主要是避免了土地流转和变性的过程，大大降低了开发农村土地的复杂性，且利润率远高于发展纯粹的农业。但是这种方式有打法律擦边球的嫌疑，因为部分休闲农业园区的配套设施涉及酒店、餐饮甚至游乐园等商业项目和少量住宅，只是将容积率控制在较低范围内，不严重违反农用地对配套设施不超过 10% 的限制和对建筑的规模、容积率的限制而已，但本质还是商业和房地产开发内容。此种模式如果把握得好适合应用在亲子游、家庭游等市场需求大的大城市周边。

案例3　利用农村土地发展休闲农业模式

Steiff 泰迪农场以泰迪熊为主题，与休闲农业相结合，集田园旅游、休闲农场、主题酒店为一体，融合了德式乡村庄园、阳光自然农

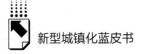

场、泰迪熊主题乐园等景观和休闲项目,致力于打造集生态休闲与轻奢度假于一体的旅游新体验,本质上是一种旅游观光农业模式。目前泰迪农场在苏州已经开业,开发企业有意向向成都、重庆、三亚、北京、青岛等旅游城市扩展。

从泰迪农场的规划可以看出,除泰迪之家和泰迪之梦主题度假区外,农场的其他部分都是农业主题,不需要进行土地性质改变。主题服务区的核心建筑是泰迪城堡主题游乐场,而度假区的主要物业形态是别墅,整个项目的开发前提是需要有一定比例的建筑用地指标。

2. 宅基地利用创新

宅基地作为我国唯一一种具有无限期个人使用权的土地类型,可以满足农民"惜地""人不离土"的心理,在开发利用过程中更易受到各方的阻力。但宅基地往往分散分布,这给土地整体开发造成很大阻碍。为保护农民的合法权益,宅基地的流转和利用在我国属于限制较为严格的,虽然在沿海发达地区的农村中,宅基地已经基本进行了流转,但是在广大的中西部地区,宅基地的利用仍是农村土地利用中的矛盾聚焦。

案例 4 北京大兴青云店镇宅基地利用

(1) 项目背景

该项目位于北京市大兴区青云店镇,处于亦庄经济开发、南苑新机场与大兴新城三个重要功能区的交叉位置。项目占地面积约2000～3000亩,涵盖 9 个村,有 100 万平方米(宅基地用地除外)的建筑指标。开发商希望利用青云店镇优越的地理位置和人文资源建设针对北京市客群的休闲旅游项目。但目前地块内有较大规模的宅基地,国家规定宅基地不能上市流通,这对项目未来土地走招拍挂流程造成了阻碍。

（2）解决策略

青云店镇属于北京市第二道绿化隔离地区。北京市政府于 2003 年出台了《北京市人民政府关于加快本市第二道绿化隔离地区绿化建设的意见》（京政发〔2003〕15 号），提出了建设北京市第二道绿化隔离地区①的计划，并将北京市"五区六镇"作为第二道绿化隔离地区的试点，其中包括大兴区青云店镇（见图 4）。同时，试点区镇承担创新北京市集体土地利用方式的重任。

2014 年，北京市举办了"五区六镇"建立乡镇统筹利用集体经营性建设用地试点基金相关工作的研讨会，提出转变过去空间分割、产业分割、体制分割和政策分割的传统发展模式，促进空间优化、产业升级、制度创新、政策配套，形成首都农村集体经营性建设用地集约节约利用的路径，加快首都郊区城乡经济社会发展一体化进程。首创集团拟出资设立乡镇试点基金，涵盖四方面：一是非宅腾退的合理补偿，二是环绿的建设费用，三是基础建设费用，四是产业的启动资金。而设立基金主要是用来解决非宅腾退的补偿和启动资金问题。设想在六个镇建立一个大基金，初步测算资金需求总量达数百亿元。

另外，同作为"五区六镇"试点的朝阳区金盏乡已经通过实施该政策在集体土地利用方面取得了良好进展。目前，开发企业正在利用此政策推动青云店镇的宅基地流转进展。

3. 集体土地利用创新

"东升模式"被认为是集体土地高端产业化利用和村民体面地获得股份收入的良好示范。但这种模式主要是在北京市作为首都的强大

---

① 第二道绿化隔离地区的规划范围，为第一道绿化隔离地区及市区边缘集团外界至规划六环路外侧 1000 米，涉及朝阳、海淀、丰台、石景山、通州、大兴、房山、门头沟、昌平、顺义 10 个区，总用地面积约 1650 平方公里。

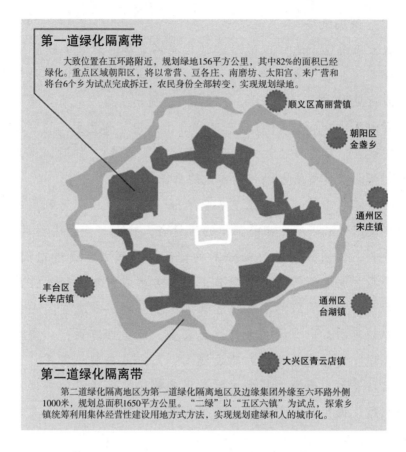

第一道绿化隔离带

大致位置在五环路附近，规划绿地156平方公里，其中82%的面积已经绿化。重点区域朝阳区，将以常营、豆各庄、南磨坊、太阳宫、来广营和将台6个乡为试点完成拆迁，农民身份全部转变，实现规划绿地。

顺义区高丽营镇

朝阳区金盏乡

通州区宋庄镇

丰台区长辛店镇

通州区台湖镇

大兴区青云店镇

第二道绿化隔离带

第二道绿化隔离地区为第一道绿化隔离地区及边缘集团外缘至六环路外侧1000米，规划总面积1650平方公里。"二绿"以"五区六镇"为试点，探索乡镇统筹利用集体经营性建设用地方式方法，实现规划建绿和人的城市化。

图4　北京市第一道、第二道绿化隔离带示意

产业溢出能力和海淀区南部稀缺平整土地资源等多重推动之下造就的，这导致这类园区模式可复制的范围较窄，在北上广深等产业溢出能力强的一线城市有推广潜力。当然，集体土地未必只能走科技园区这一条路，"东升模式"的核心创新点在于利用集体土地房屋申请抵押贷款，对农民投资的资产进行量化体改，并作为资产所有者直接参与分红等方式，各地可根据所在中心城市产业特征的要求，发展适合的产业。所以国家层面在集体土地确权流转后，也在探索集体土地使用权的属性问题，实现集体土地同地、同权、同价。

案例5 北京市海淀区东升模式

（1）项目背景

2004年，北京市海淀区东升乡（现东升镇）到处是垃圾山、鱼塘及高能耗、高污染的企业。2005年，根据北京市战略发展和产业结构调整要求，东升乡电焊厂、锅炉厂、纱布厂等纳税大户都要往外搬迁。因此，东升科技园起初的定位就是工业搬迁，后来才调整为科技园项目。

（2）东升模式的土地利用

城镇化有两个核心问题：土地问题和农民问题。东升模式是用股权模式解决集体土地及其农民问题的。2010年，依靠集体自筹资金和银行贷款共投资5亿元、占地面积300亩、建筑面积16万平方米的中关村东升科技园正式开园。

2013年，北京市海淀、平谷、大兴三区率先进行集体建设用地上的房屋登记试点。根据北京市住房和城乡建设委员会要求，具备集体建设用地使用权证、规划许可证、建筑工程开工许可证以及在市里备案房屋面积测绘图的房屋，准许给予办理房产证。2013年，在东升科技园范围内办理了北京市集体土地首批11栋房屋的房产证。东升科技园根据此证从民生银行贷款5亿元。东升科技园成功将农村集体房屋从资产转为资本，探索出一条农民增加财产性收入的可行性新路。

（3）集体所有制改社区股份制

东升博展股份经济合作社成立后做的第一件事情是资产量化，对农民出的物和钱进行资产测算，结合劳龄和工龄，核算出股价、每人股数，将农民转变成股东身份，将集体所有制转变成社区股份制，基本形成符合《公司法》的公司治理结构的体制。原东升乡各村村民变成东升科技园股东以后，每月有岗位工资，每年年底有分红。

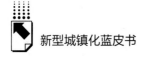

（4）向园区运营商定位转变并持续发展

目前产业园区开发的主要模式是基于产业地产开发，即开发成物业并全部卖掉，快速回笼现金。而集体土地的开发买卖受限制，此模式就不能直接采用。所以东升科技园决定自持地产，深耕运营，专注于做园区运营商。

（5）成效

产业成效：从 2010 年起，经过几轮招商、经营、再投入进行建设，现东升科技园一期出租率达 100%，二期已开工建设，规模是一期的近 10 倍。坚持主导产业定位于新能源和电子信息。

经济成效：已有 200 家入驻企业，园区年产值增长率 20% 以上；2013 年集体经济总收入突破 17 亿元，居民股东分红达 2.9 亿元。

农民收入增长：东升科技园是北京市第一个乡镇自建、集体所有的科技园区。这一模式具有两个优势：一是农民带着资产进城，"失地"问题化解于无形；二是农民以主人翁身份参与城镇化和改革全过程，公平地分享了城镇化和改革的成果。

示范效果：东升科技园被中央列为新型城镇化 60 个试点之一，"东升模式"将在政策层面被大范围推广。

（三）补偿方式创新

1. "两分两换"模式

"两分两换"模式即将宅基地与承包地区别对待。"两分"即在政策上分开处理，宅基地与承包地分开，搬迁与土地流转分开。"两换"指以宅基地置换城镇房产、以土地承包经营权置换城镇社会保障。"两分两换"模式是在浙江省嘉兴市于 2008 年首次提出的。

案例6　浙江省嘉兴市"两分两换"模式

目前嘉兴市已基本建立了政府、银行、农民"三位一体"的"两分两换"模式。县、乡政府通过支持宅基地复垦、进行土地整理和集约利用土地换取建设用地指标，获得的建设用地指标在县、乡政府之间分配。建设用地出让金加上贷款用来支持宅基地复垦。宅基地复垦的成本主要包括拆迁补偿、基础设施配套等。

因为可以获得补贴、改善居住条件、降低住房成本，多数农民支持宅基地复垦。承包和经营权通过租赁、流转等方式实现分离，有的农民扩大种植规模后成为职业农民，有的农民经过职业培训后，到城镇从事第二、第三产业。

浙江省嘉兴市在"两分两换"中提出了以"1+X"布局的"两新"工程。"1"是每个乡镇建设一个新市镇，"X"是在新市镇镇区之外另建若干中心村或新社区。"两新"就是指新市镇和新社区。"两分"解决了农民的"安居"问题和社会保障问题，"两换"则解决了农民的"乐业"问题。

2. 宅基地换房模式

宅基地换房模式是首先在天津市实施的，是在国家现行政策框架内，在坚持土地承包责任制的前提下，居民可以用其宅基地置换小城镇中的住房。

四　对农村土地流转制度改革和地方
政策创新的建议

（一）坚持"耕者用其田"

由于实际中城镇化过程中承包权和经营权普遍分离，改革开放以来中央政策对土地承包权的过分强调如今已造成了诸多负面影响。国家每年巨额的"三农"补贴,都是针对土地承包权人进行的,而实际种地的人即实际拥有先进生产技术和管理经验的经营者却拿不到补贴。一些学者认为[1],多年来这一系列的改革出现了一个滑稽现象,即"终于将土地确权到不种地的人手中"。新的食利阶层正在以"新型地主"的面目大量出现,这对维持社会公平和提高生产效率都是极为不利的,显然是违背社会主义革命和土地制度改革的初衷的。相比之下,虽然是实行资本主义制度的西方国家,在消灭食利阶层方面做得却是比较好的,农场主同时拥有农场的所有权、经营权和生产权,"三权合一",且很多农场主家里拥有大型机械耕种设备,既能实现"耕者有其田",又能实现机械化耕种。

(二)不要一刀切,继续鼓励地方土地流转制度创新深化

前文列举了我国各地探索并应用了很多关于集体用地、宅基地的创新流转方式,很多方式取得了良好的示范效果并具有较强的可复制性,一些地区作为土地流转的试点地区,在一定程度上突破了国家对集体土地及宅基地的限制红线,随着我国新型城镇化的进一步拓展,对集体土地的高效集约利用诉求将会更加强烈,会诞生越来越多的创新模式。但目前来看我国土地流转创新试点地区主要集中在一线城市周边或者发达地区,集体土地存量较大的中西部地区试点较少,想创新但不敢突破的情况普遍存在。中国农村地域广阔,每个地区的城镇化水平、经济发展水平、发展诉求、民俗习惯不尽相同,各个区域的基层领导对本地自身特点与目标了解最准确,应鼓励基层大胆创新土地流转方式,充分利用民间智慧,在实践中总结经验。

---

[1] 转引自华中科技大学中国乡村治理研究中心副研究员桂华的观点。

（三）农村土地"三权分置"后承包权和经营权的抵押和继承问题

2016 年 10 月，中共中央办公厅、国务院办公厅印发《关于完善农村土地所有权承包权经营权分置办法的意见》，将农村土地所有权、承包权、经营权（简称"三权"）分置并行，这一举动被认为是继家庭联产承包责任制后农村改革的又一重大制度创新。通过近 30 年的土地改革，国家已经将出租、转包、流转等相当一部分土地的处分权给了农民，只是直到"三权分置"政策的出台，国家仍然未将继承权、交易权赋予农民。

（四）加强拥有农村空闲宅基地的农民的退出意愿

由于我国农村居民进城务工现象普遍存在，相当一部分农村宅基地处于空闲状态。据 2012 年统计数据，全国近 2.4 亿亩的农村建设用地中，宅基地的闲置面积占比为 10% ~ 15%，全国有近 1200 万份宅基地或附属农宅处于可流转但无法流转的闲置状态。有相关数据预计，今后 20 年每年将有近 1200 万农村人口转移至城镇当中。按照目前农村居民人均 153 平方米的用地面积计算，至 2030 年前后，每年新增闲置未利用的农村宅基地面积可能高达约 18.4 亿平方米。宅基地零散分布在农村土地中，给土地整体开发或机械化耕种的推广造成很多阻碍。

目前，我国有相当比例的农村居民对宅基地退出意愿不高，根据对安徽省部分农村地区拥有宅基地的农民调查研究①发现，只有 4.8% 的村民愿意退出。农民不愿退出的主要内在原因是担心退出农

---

① 孔东菊：《户籍改革背景下农村宅基地退出机制研究》，《华南农业大学学报》（社会科学版）2014 年第 4 期（第 13 卷）。调研人数约 700 人，涉及蚌埠、六安、马鞍山、芜湖、合肥等地。

村土地后无法承担城镇高昂的生活费用,中老年农村居民就业能力较低,宅基地成为其生活的根本保障,即使宅基地及住房闲置,也不愿退出。并且,宅基地具有使用权无期限的特征,与我国现行的城镇住宅 70 年产权相比,更能加强农民"惜地"的心理。另外,影响宅基地退出意愿的外部原因主要是宅基地流转立法不完善、退出机制缺失、补偿较低。

为加强村民宅基地退出意愿,提高空闲宅基地利用率,应建立完善的宅基地退出机制。可流转性与特殊物权性是农村宅基地使用权的两大基本法律属性,应逐步放开宅基地在土地市场的流转,但限制其利用方向必须符合区域土地利用规划。在流转过程中,应依照相关法律进行确权并办理宅基地登记手续。

(五)加大金融行业对农村土地流转的支持力度

虽然我国已经逐步放开农村土地经营权、承包权抵押的限制,但由于这些属于新型抵押物,审查过于严苛,且流程手续复杂,银行一般不愿开展此类抵押业务,这对将农村土地进行资本运作、开展大规模流转、提高土地流转意愿以及农民回乡创业带来了很大的阻碍,也进一步限制了新型城镇化的进程。

参考文献

[1] 阮骋、陈梦鑫:《新型城镇化背景下的土地流转政策研究——以成都市万春镇流转模式为例》,《城市发展研究》2014 年第 3 期。

[2] 程磊:《新型城镇化背景下农户宅基地使用权流转意愿影响因素实证研究——以信阳市为例》,硕士学位论文,广西大学,2015。

[3] 中华人民共和国国土资源部:《2014 中国国土资源公报》,2015 年 4 月。

[4] 曾真:《新型城镇化背景下我国农村土地流转问题研究》,硕士学

位论文，华中师范大学，2014。

［5］徐保根、韩璐、陈佳骊：《新型城镇化中的土地统筹流转模式探讨——基于浙江嘉兴"两分两换"的实践与思考》，《资源与产业》2014 年第 1 期。

［6］李玉辉、胡荣兴：《农村产权抵押瓶颈及解决路径研究》，《农村金融》2013 年第 9 期。

［7］王桂香：《新型城镇化背景下农村土地制度创新研究——以河南省郑州市为例》，硕士学位论文，河南农业大学，2014。

B.8

城市特色生态环境建设

李珊珊*

摘　要：　城市生态环境建设是新型城镇化建设的重要内容，是推
　　　　　进新型城镇化的有效途径。本文旨在通过对城市生态环
　　　　　境建设与新型城镇化二者之间关系的分析，归纳总结现
　　　　　阶段我国城市生态环境建设工作进展以及存在的问题，
　　　　　提出科学编制城市生态环境规划、构建城市经济生态环
　　　　　境体系、加强城市生态人居环境建设、建设独特的城市
　　　　　生态文化体系、建立城市生态环境制度体系的发展策略。

关键词：　城市生态环境　新型城镇化　森林小镇

　　城市是有生命的。无论什么样的城镇，都离不开一个与之相适应
的生态环境，无论城市具有什么样的特色，这个特色必须建立在与其
生态环境相适应的前提下。城市生态环境建设的特殊性就在于，城市
生态环境是一个以人为中心、受人类活动影响剧烈又要保持特殊生态
平衡的复杂生态系统。

＊ 李珊珊，北京富达尔城市发展咨询有限公司高级咨询师，主要研究方向为生态建设、特色小
　 镇、文化产业、休闲农业、温室景观规划与设计等。主要项目有仁怀市城乡统筹发展研究、
　 三亚市"十三五"时期公共文化体育服务体系建设规划、宣化市深井镇现代农业示范园区总
　 体规划、山东东营现代农业高新科技产业园总体规划等，主要作品有"北京嘉年华桑蚕织
　 梦""如何挖掘新型城镇化下的产业商机""张家口融侨健康休闲度假小镇概念性策划""内
　 蒙古休闲温室景观"等。

一 城市生态环境的概念

城市生态环境是以人为中心,自然环境、社会环境与城市生命互相作用和影响所产生的统一体;它是城市居民生活之地,是与人类生活密切相关的地表空间;它是人类在大自然中赖以生存的基地,是人类利用自然、改造自然的主要场所。[①] 城市的自然环境及社会环境对生活在城市中的居民尤为重要。城市生态环境包括自然生态环境和社会经济生态环境,自然环境包括各种自然因素,如大气、水资源、城市绿地等;社会环境包括交通、产业结构、居民居住状况等。因此,我们将这种在城市中,城市居民与城市环境进行物质能量流动、相互作用、相互影响的环境,称为城市生态环境。

二 新型城镇化与城市生态环境的关系

(一)城市生态环境建设是新型城镇化的内在要求

城镇化是现代化的必由之路。但是,在过去的城镇化进程中,盲目追求 GDP,很多城镇建设注重征地造城,卖地发展房地产,而对公共设施、生态环境投入不足,导致城镇化率虽然快速提高了,但社会矛盾更加突出、老百姓的幸福指数反而降低了。而新型城镇化则充分注重城市主体"人"的发展,更加强调从物的城镇化转化到人的城镇化,从外延扩张、粗放发展转向以内涵、集约为主,通过结构优化实现经济发展方式转变,最终实现人与自然的和谐发展。所以,新型城镇化的最大特点是"新",即城乡统筹、城乡一体、产城互动、

---

① 彭一鸣:《城市生态环境建设与生态化》,硕士学位论文,江西师范大学,2011。

节约集约、生态宜居、和谐发展。徐宪平强调，新型城镇化要更加强调生态文明，着力推进绿色发展、循环发展、低碳发展。① 节约集约利用土地、水、能源等资源，强化生态修复和环境治理，推进绿色城市、智慧城市建设，推动形成绿色低碳的生产生活方式和城市建设运营管理模式，尽可能减少对自然的干扰，降低对环境的损害。《国家新型城镇化规划（2014—2020年）》指出，要把保护生态环境放在重要位置。而新型城镇化的载体之一就是城市，城市生态环境建设对新型城镇化而言尤为重要，因此，加强城市生态环境建设是新型城镇化的内在要求和重要环节。

（二）城市生态环境建设可以加快推进新型城镇化建设

中国社会的发展，尤其是城镇化的发展进程中产生了一系列问题，譬如，某些城区盲目扩张，空间开发杂乱无章，重视经济建设，轻视环境保护，重视城市建设，忽视管理服务，造成城镇建设效率低下，交通拥堵问题严重，水资源、空气、土壤等污染加重，各级部门管理运行效率低下，公共服务供给能力有限等，这些问题严重干扰了新型城镇化的推进。而完善城市生态环境建设是新型城镇化的首要任务。首先要加快转变发展方式，改善城市空间结构和管理格局，提高城市规划、建设、管理能力。其次要提高城市经济、基础建设、公共服务和资源环境对人口的承载能力，加大对城市产业以及就业的支撑力度，对基础设施和公共服务设施进行有效改善，预防和治理城镇化带来的衍生问题。再次要不断推进创新性城市、环保型城市、智能型城市和人文型城市建设，大力提升各类城市的内在品质。最后要不断调整城市治理结构，创新各类城市管理方式，加强对城市社会的治

---

① 刘芸曼：《徐宪平：走中国特色新型城镇化道路需完成五大任务》，和讯新闻网，http://news.hexun.com/2014-03-23/163289190.html，2014年3月23日。

理，精益求精，使新型城镇化更上一个台阶。新型城镇化是一个漫长而复杂的系统工程。总的要求是，城镇要由高耗能的城镇化向低耗能的生态文明建设转型，只有将生态环境建设与新型城镇化同步推进，才能做到更好地节约资源，不断促进绿色发展、循环发展、低碳发展，实行节能减排，在城镇减少污染的排放，在环境治理上加大力度，新型工业化的发展离不开科技的支持，最终形成资源节约型、环境友好型、人民安居乐业、幸福指数不断提高的城镇化。

（三）城市生态环境建设与新型城镇化相互促进共同发展

城市生态环境系统不仅是自然生态环境系统，而且是城市与社会、经济和自然和谐发展的统一体，包括自然生态体系、社会生态体系和经济生态体系等内容。城镇化是一个历史过程，它是工业发展到一定阶段的必然要求，是现代化的必由之路，同时，城镇化也能反映一个国家的工业发展水平、人民生活水平以及精神文化层次。当城镇化符合自然规律，就能够改善生态环境，而生态环境的改善又能够推动城镇化的有序发展。反之，盲目的城镇化，容易造成资源浪费、环境污染等问题，直接导致生态环境的恶化，而生态环境的恶化又能够间接阻碍社会经济的发展。包双叶提出城镇化与生态文明建设是相互作用，相互影响的，二者统一于城镇化进程之中，城镇化是生态文明建设的支柱和重要对象，生态文明是城镇化的动力和源泉所在。[①] 谢丽威认为城镇化与生态文明建设相互制约、相互促进、相辅相成，生态文明建设的发展依据是新型城镇化，新型城镇化的重要源泉是生态文明建设。[②] 因此，城镇化与生态环境保护

---

① 包双叶：《论新型城镇化与生态文明建设的协同发展》，《求实》2014年第8期，第59～63页。

② 谢丽威：《我国当前阶段城镇化与生态文明融合发展问题探析》，《社会发展》2014年第2期，第68～70页。

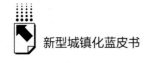

只有协同发展，才能提高资源利用率，转变经济发展方式，促进新型城镇化建设。

三　我国城市生态环境的现状

我国城市生态环境建设随着经济的快速发展取得了巨大的成就。主要表现在：城市生态环境保护意识不断提高，城市自然生态环境不断优化，城市人居生态环境逐步改善，城市社会经济结构渐趋合理，城市生态环境建设进展顺利。

（一）城市生态环境保护意识不断提高

我国在城市生态环境建设方面从不同学科开展了研究和实践。党的十八大、十八届三中全会、十八届四中全会均对生态文明建设做出了顶层设计和总体部署。2015年3月24日，中共中央审议通过《关于加快生态文明建设的意见》，明确了当前和今后一个时期生态文明建设的任务、目标和具体措施，对我国今后一个时期生态环境建设具有重大而深远的指导意义。同时，制定了《全国生态保护"十三五"规划纲要》，为推动城市生态环境建设提供了指导依据。各个地方政府也推出了相关的政策文件，指导当地生态环境建设，如《北京市"十三五"时期环境保护和生态建设规划》《上海市"十三五"时期环境保护和生态建设规划》等文件。

（二）城市自然生态环境不断优化

1. 空气质量逐渐好转

2015年我国城市空气质量总体呈现良好趋势。在6项污染物中，74个城市的PM2.5、PM10、SO_2、NO_2年均浓度相对2014年总体呈下降趋势，降幅分别为14.1%、11.4%、21.9%、7.1%，CO年均浓度与 2014 年持平，SO_2、NO_2、CO、O_3 年均浓度达到国家二级标准。[1]

2. 固体废弃物处置水平不断提高

（1）一般工业固体废物处置水平稳步提升。2014 年，244 个大中城市产生一般工业固体废物约达 19.4 亿吨，其中综合利用量为 12.0 亿吨，处置量为 4.8 亿吨，贮存量为 2.6 亿吨，倾倒丢弃量为 13.5 万吨。综合利用率、处置率和贮存率约分别为 61.85%、24.74% 和 13.40%（见图 1）。[2]

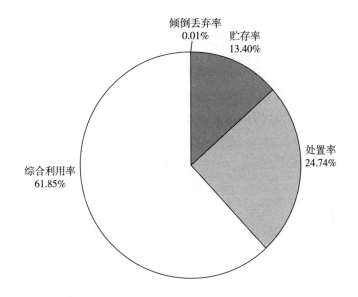

图 1　一般工业固体废物利用、处置等情况

一般工业固体废物产生量排名前 10 位的城市见表 1。排名前 10 位的城市产生的一般工业固体废物总量为 44961.3 万吨，占 244 个公布数据的大中城市一般工业固体废物产生总量的 23.4%。

---

① 《环境保护部发布 2015 年全国城市空气质量状况》，中国环保在线，http://www.hbzhan.com/news/Detail/104443.html，2016 年 2 月 6 日。

② 《2015 年全国大、中城市固体废物污染环境防治年报》，http://huanbao.bjx.com.cn/news/20151208/689192.shtml，2015 年 12 月 8 日。

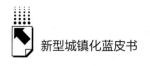

表1　2014年一般工业固体废物产生量排名前10位的城市

单位：万吨

序号	城市名称	产生量	序号	城市名称	产生量
1	辽阳市	8397.7	7	大同市	3549.1
2	攀枝花市	5801.1	8	洛阳市	3460.5
3	鄂尔多斯市	5735.3	9	百色市	3186.4
4	沂州市	4313.2	10	重庆市	3067.8
5	呼伦贝尔市	3773.4	合计		44961.3
6	朔州市	3676.8			

（2）强化工业危险废物管理。2014年，244个大中城市工业危险废物产生量达2458.5万吨，其中，综合利用量、处置量和贮存量分别为1431.0万吨、889.5万吨、138.0万吨，占总产生量的比例分别为58.2%、36.2%和5.6%（见图2）。

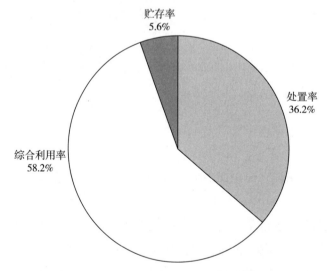

图2　工业危险废物利用、处置等情况

244个大中城市中，工业危险废物产生量排名前10位的城市产生的工业危险废物总量为925.1万吨，占全部发布城市产生总量的38.0%（见表2）。

表2　2014年工业危险废物产生量排名前10位的城市

单位：万吨

序号	城市名称	产生量	序号	城市名称	产生量
1	烟台市	196.4	7	上海市	62.8
2	聊城市	154.7	8	衡阳市	61.2
3	岳阳市	114.8	9	福州市	59.3
4	攀枝花市	84.2	10	昆明市	57.0
5	宁波市	69.6	合计		925.1
6	苏州市	65.1			

（3）提高医疗废物处置水平。2014年，244个大中城市医疗废物产生量达62.2万吨，处置量达60.7万吨，大部分城市的医疗废物处置率都达到了100%。

244个大中城市中，医疗废物产生量排名前10位的城市产生量为18.2万吨，占全部发布城市产生总量的29.3%。其中，产生量最大的是上海市，达3.5万吨，其次是北京、广州、成都和杭州，分别达2.8万吨、2.0万吨、1.7万吨和1.6万吨（见表3）。

表3　2014年医疗废物产生量排名前10位的城市

单位：万吨

序号	城市名称	产生量	序号	城市名称	产生量
1	上海市	3.5	7	西安市	1.4
2	北京市	2.8	8	武汉市	1.3
3	广州市	2.0	9	重庆市	1.3
4	成都市	1.7	10	宁波市	1.1
5	杭州市	1.6	合计		18.2
6	郑州市	1.5			

（4）城市生活垃圾处置率不断提高。2014年，244个大中城市生活垃圾产生量达16816.1万吨，处置量达16445.2万吨，处置率

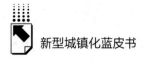

达 97.8%。

244 个大中城市中，城市生活垃圾产生量排名前 10 位的城市见表 4。城市生活垃圾产生量最大的是上海市，产生量为 742.7 万吨，其次是北京、重庆、深圳和成都，产生量分别为 733.8 万吨、635.0 万吨、541.1 万吨和 460.0 万吨。排名前 10 位的城市产生的生活垃圾总量为 4818.1 万吨，占全部发布城市产生总量的 28.7%。

表 4　2014 年城市生活垃圾产生量排名前 10 位的城市

单位：万吨

序号	城市名称	产生量	序号	城市名称	产生量
1	上海市	742.7	7	宁波市	342.1
2	北京市	733.8	8	杭州市	330.5
3	重庆市	635.0	9	佛山市	307.7
4	深圳市	541.1	10	武汉市	295.0
5	成都市	460.0	合计		4818.1
6	广州市	430.2			

3. 声环境质量逐步达标

2015 年，全国共有 308 个地级及以上城市开展了功能区声环境质量监测，总体上昼间点次达标率高于夜间。昼间共有 9331 个监测点次达标，总点次达标率为 92.4%；夜间共有 7504 个监测点次达标，总点次达标率为 74.3%。

4. 城市绿地面积不断增加

2015 年末，城市建成区绿化覆盖面积达 210.5 万公顷，比 2014 年增长 10.32%（见图 3）；建成区绿化覆盖率达 40.12%，比 2014 年降低 0.1 个百分点；建成区绿地面积为 190.8 万公顷，比 2014 年增长 4.8%；建成区绿地率为 36.36%，比 2014 年增加

0.07 个百分点；公园绿地面积为 61.4 万公顷，比 2014 年增长 5.4%，人均公共绿地面积 13.4 平方米，比 2014 年增加 0.8 平方 米（见图4）。①

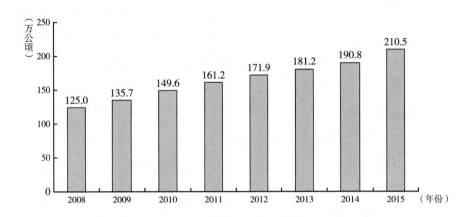

图3　2008～2015 年中国建成区绿化覆盖面积

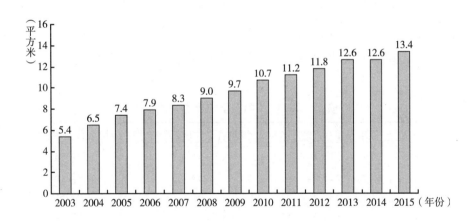

图4　2003～2015 年中国人均公共绿地面积

---

① 《2015 年城乡建设统计公报》，国家住房和城乡建设部网站，http：//www. mohurd. gov. cn/ xytj/tjzljsxytjgb/tjxxtjgb/201607/t20160713_ 228085. html。

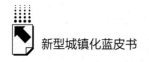

（三）城市人居生态环境逐步改善

1. 城市市政投资

2015 年，城市市政公共设施固定资产投资额为 16204.4 亿元，占同期全社会固定资产投资总额的 2.88%。其中，路桥工程、轨道交通、园林绿化分别占城市市政公用设施固定资产投资总额的 45.8%、22.9% 和 9.8%。

2. 城市供水和节水

2015 年，城市供水综合生产能力达 2.97 亿立方米/日，比 2014 年增长 3.5%，其中公共供水能力为 2.31 亿立方米/日，比上年增长 4.5%。供水管道长度为 71.0 万公里，比上年增长 4.9%。2015 年，供水总量为 560.5 亿立方米，其中生产运营用水量为 162.4 亿立方米、公共服务用水量为 77.1 亿立方米、居民家庭用水量为 208.9 亿立方米。用水人口为 4.51 亿人，人均日生活用水量为 174.5 升，用水普及率为 98.07%，比上年增加 0.43 个百分点（见表 5）。2015 年，城市节约用水 40.3 亿立方米，节水措施总投资 23.1 亿元。

表5　2011～2015 年城市供水情况

年份	供水总量(亿立方米)	供水管道长度(万公里)	用水普及率(%)
2011	513.4	57.4	97.04
2012	523.0	59.2	97.16
2013	537.3	64.6	97.56
2014	546.7	67.7	97.64
2015	560.5	71.0	98.07

3. 城市燃气

2015 年，人工煤气供气总量为 47.1 亿立方米，比上年减少 15.9%；天然气供气总量为 1040.8 亿立方米，比上年增长 7.9%；

液化石油气供气总量为 1039.2 万吨，比上年减少 4.0%。人工煤气供气管道长度为 2.1 万公里，比上年减少 26.7%；天然气供气管道长度为 49.8 万公里，比上年增长 14.6%；液化石油气供气管道长度为 0.9 万公里，比上年减少 18.0%。用气人口为 4.38 亿人，燃气普及率为 95.30%，比上年增加 0.73 个百分点（见表 6）。

表 6　2011~2015 年城市燃气供应情况

年份	人工煤气供气总量（亿立方米）	天然气供气总量（亿立方米）	液化石油气供气总量（万吨）	供气管道长度（万公里）	燃气普及率（%）
2011	84.7	678.8	1165.8	34.9	92.41
2012	77.0	795.0	1114.8	38.9	93.15
2013	62.8	901.0	1109.7	43.2	94.25
2014	56.0	964.4	1082.8	47.5	94.57
2015	47.1	1040.8	1039.2	52.8	95.30

4. 城市集中供热

2015 年年底，城市蒸汽供热能力为 8.1 万吨/小时，比上年减少 4.7%；热水供热能力为 47.3 万兆瓦，比上年增加 5.8%；热水供热管道长度为 19.3 万公里，比上年增加 10.3%；集中供热面积为 67.2 亿平方米，比上年增加 10.0%（见表 7）。

表 7　2011~2015 年城市集中供热

年份	供热能力		管道长度(万公里)		集中供热面积（亿平方米）
	蒸汽（万吨/小时）	热水（万兆瓦）	蒸汽	热水	
2011	8.5	33.9	1.3	13.4	47.4
2012	8.6	36.5	1.3	14.7	51.8
2013	8.4	40.4	1.2	16.6	57.2
2014	8.5	44.7	1.2	17.5	61.1
2015	8.1	47.3	1.2	19.3	67.2

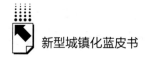

5. 城市市容环境卫生

2015 年底，全国城市街道道路清扫保洁面积 73.0 亿平方米，其中清扫率达 55.5%。全年清运生活垃圾 2.06 亿吨。全国城市共有生活垃圾无害化处理厂 890 座，比上年增加 72 座，日处理能力 57.7 万吨，年处理量 1.80 亿吨，城市生活垃圾无害化处理率 94.10%，比上年增加 2.31 个百分点。

6. 城市排水与污水处理

2015 年年底，全国各大城市共有污水处理厂 1943 座，比 2014 年增加了 136 座；污水处理厂污水处理能力达 14028 万立方米/日，比上年提高 7.2%；污水处理率达 91.90%，比上年提高 1.72 个百分点；再生水生产能力达 2317 万立方米/日，比上年提高 12.2%；再生水利用量达 44.5 亿立方米，比上年增加 22.6%（见表 8）。

表 8　2011~2015 年城市污水处理

年份	城市污水处理厂座数（座）	城市污水处理厂污水处理能力（万立方米/日）	城市污水处理率（%）	再生水生产能力（万立方米/日）	再生水利用量（亿立方米）
2011	1588	11303	83.63	1389	26.8
2012	1670	11733	87.30	1453	32.1
2013	1736	12454	89.34	1761	35.4
2014	1807	13087	90.18	2065	36.3
2015	1943	14028	91.90	2317	44.5

（四）城市生态环境建设面临的问题

我国城市生态环境建设仍然存在环境污染，需进一步治理城市土地、水资源日益匮乏，城市经济发展与生态保护矛盾逐渐突出等问题。

1. 城市环境污染需进一步治理

（1）水体污染问题突出。随着城市规模的不断扩大，大量污水未妥善处理而直接排入水体，导致水质发生恶化，水体遭受污染，根据《2014 年中国环境状况公报》，2014 年全国 202 个地级及以上城市的地下水水质监测情况中，水质为优良级的监测点占比仅为10.8%，较差级的监测点占比达 45.4%。

（2）城市大气污染依然持续。虽然近年来大气污染治理取得了较好的成效，但大部分城市空气污染仍然很严重，例如，京津冀空气 PM2.5 浓度超标严重，北方地区冬季采暖期大气污染依然较重，O_3污染问题日益凸显。2015 年 74 个城市 O_3 日最大 8 小时均值第 90 百分位浓度平均同比上升 3.4%，与 2013 年相比上升 7.9%，大气复合型污染特征突出。

2. 城市土地和水等生态资源日益匮乏

在城镇化进程中，城市面积大肆扩张，人口不断积聚，造成城市土地资源日益减少，城镇建设用地成本逐年增加；农村耕地面积不断减少，18 亿亩耕地红线面临重大挑战。水资源紧缺程度加剧，人均水资源占有量仅为世界平均水平的 1/4，而城市地下水污染严重不断加剧，全国城市每年缺水 60 亿立方米，每年因缺水造成经济损失约2000 亿元。森林资源逐渐减少，森林面积仅为世界平均水平的 1/5，即使素有"绿色宝库"之称的福建省，其森林覆盖率虽为全国第一，达 63.1%，但也低于日本 68.5%、韩国 64.3% 的水平。水土流失严重，城镇生态恶化，资源正在被过度过速利用，经济可持续发展面临严峻挑战。

3. 城市与环境矛盾日益突出

随着城市规模的不断扩大，资源约束趋紧，生态环境保护与经济发展存在矛盾，在环境保护中增加资金投入，必然导致用于经济发展中的资金投入减少，反之亦然。在资源及资金短缺的情况下，这种矛盾越发尖锐。

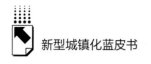

四 城市生态环境建设对策建议

（一）统筹全局编制生态保护规划

城市规划对城市建设起着举足轻重的作用，随着新型城镇化的推进，城市建设尤其要把城市生态环境摆在首要位置，即要把城市生态环境规划考虑到城市规划范围内。科学编制并且实施城市生态环境保护规划有利于促进城市发展、改善城市生态环境、提高居民生活水平、推进生态建设顶层设计。编制城市环境总体规划要以自然规律为原则，以保障自然生态环境安全为目标，以自然禀赋为出发点，完善城市生态环境保护总体规划所需的技术支撑体系。

以尊重自然、顺应自然、保护自然为原则。城市土地开发、产业布局、城市扩张、重大项目建设要考虑城市发展所处阶段及资源环境承载力，要引入先进的、可持续的城市发展理念，坚持绿色循环低碳发展，坚持节约资源和保护环境，最终提高资源利用率，改善城市生态环境，打造人与自然和谐发展的城市格局。

以保障自然生态环境安全为终极目标。自然环境是城市发展的基础，城市发展首先要确保自然生态环境安全，因此，要构建城市格局红线体系，明确城市各生态空间的限制性要求，划定大气、水、土壤、噪声等不同要素的红线体系，将环境资源承载力作为城市发展方向、规模、产业的决定性因素。

以严格控制城市空气质量为发展基线。空气质量对城市发展至关重要，因此，在城市发展过程中，首先要把空气质量基线纳入城市发展的硬性指标体系中，将其作为社会经济发展规划、城市规划、土地利用规划、能源规划、产业规划及道路交通规划等各项规划的前置性指标。在空气质量基线上明确城市大气环境红线、城市人口、能耗及排放量的上限。

完善城市环境总体规划技术支撑体系。城市环境总体规划涉及方方面面，主要围绕城市布局、规模、人口、经济、产业结构、节能减排、污染物处理等，构建新型城市经济发展评价指标体系。

（二）构建城市经济生态环境体系

城市建设离不开产业的支撑，即产业发展状况决定了城市经济发展水平。新型城镇化要求不能以牺牲环境为代价发展经济，二者要和谐统一发展，发展城市生态产业，将城市生态环境保护摆在首位，对城市经济发展做出适当调整，构建一个生态文明的产业体系。在工业和农业生产中，运用节约资源、环境负面影响小、经济效益高的科学技术；积极探索既有利于保护城市生态环境又有利于提高企业效益的经营管理模式；着力调整优化产业结构，淘汰设备陈旧、高物耗、高能耗、污染严重的产业部门和环境负效应严重的产品，构建绿色、循环、低碳发展产业体系。强化产业间生态协作，逐步实现由高消耗、高污染、低产出向低消耗、低污染、高产出的经济发展方式转变。

（三）加强城市生态人居环境建设

运用智慧城市、海绵城市的建设理念，加快推进城市环境基础设施和公共服务建设，加强城市污水和垃圾及工业废弃物处理设施建设和运营管理，实现垃圾无害化处理设施全覆盖。加大河道治理及饮用水源保护力度，建立户分类、村收集、乡镇转运、县市区处理的垃圾处理体系。创建生态园林城市，改善城市生态环境，提高人居环境质量。

加强城市道路交通基础设施建设。进一步完善城市道路基础设施，普及地铁、轻轨等城市轨道交通，积极研发新型大容量地面公共交通系统，完善配套设施。加强换乘枢纽以及充电桩、充电站、公共停车场等一系列基础设施的建设，形成系统的公共交通体系。积极建立完善的城市道路网络系统，使其更加便利地为人民服务。要迅速完善城市的桥梁信息系统，注重路桥的安全性。规划系统的步行和自行车"绿道"，使行人和非机动车车主的安全性得到最大保障，因此需要对行人过街设施、自行车停车设施、道路林荫绿化、照明等设施进行严格检查，建立完善的城市步行和自行车交通系统建设。

重点建设城市管网。推广地下综合管廊，对城市供水设施严格把关，保护饮用水的水源清洁，确保城市饮用水的安全。按照海绵城市的建设理念，对地下防涝设施严格把关检查。各水利机构应密切关注城市河湖水保护，加强城市蓝线保护，使城市水域生态系统维持平衡，并且兼备排水防涝和防洪功能。要有系统健全的预报预警、指挥调度、应急抢救等防洪措施。对城市的配电网进一步进行完善，使各电压等级得以协调稳步发展；城市电网管理尽早实现智能化，以满足新能源电力、分布式发电系统并网的要求，提高需求侧管理，最终达到电力系统与用户的双向互动的目的。

提高污水、污泥和垃圾处理能力。建设和运行并重，形成"厂网并举、泥水并重、再生利用"格局。加强污泥处理设施建设，加快推进节水城市建设，推进生活垃圾分类示范城市建设和生活垃圾存量治理示范项目。

以"森林小镇"推动生态园林城市建设。树立"绿水青山就是金山银山"的发展理念，以建设一批"森林小镇"为目标，挖掘城市特色文化，将城市特色文化融入小镇建设中，通过建设一批环境优美、景观怡人的"森林小镇"，为城市添绿，加快生态园林城市建设。

（四）建立独特的城市生态文化体系

城市并不是单纯的钢筋水泥的建筑载体和工业加工、商业贸易的聚集，它承载着城市演变的历史文化，承载着富有生命力的城市灵魂，诸如城市古街、文物古迹、生活方式等物质和非物质的文化形态。城市生态文化是人类实现文明可持续发展的需求，是时代的呼唤和要求，通过构建节约型的消费模式，强化城市生态文化的传播，构建持续永久的城市生态文化体系。

构建节约型的消费模式。加强生态消费宣传教育，提高公众节约消费意识。通过学校、广播、电视、网络、报刊和其他渠道宣传节约理念以及相关知识，同时，对社会中不良消费行为予以批评曝光，让人们自觉建立生态消费模式。用制度约束浪费行为，培育健康消费氛围。

加强城市生态文化传播。一是开展生态文明全民行动。加强全民生态文化和生态环保法制宣传教育，推广"尊重自然、顺应自然、保护自然"的生态理念。二是举办多种多样的生态文明主题活动。强化学校及公众绿色知识科普宣传推广，进一步营造社会舆论氛围，加大对生态文明建设工作及效果的宣传力度。三是加强生态科学素质培养。将尊重自然、顺应自然和保护自然的理念融入学校教育。加强培养企业领导及员工的生态文化价值观念和生态环境意识，鼓励企业试点建立企业领导者生态决策机制。以"绿色低碳家庭、绿色低碳社区"创建为核心，加强社区生态文化宣传，提高市民生态环境意识，转变生态消费方式。

（五）建立城市生态环境制度体系

世界银行在其"发展与环境"报告书中明确指出："强有力的环境保护机构和政策，是保证环境质量的基本前提。"要营造富有特色的城市生态环境，必须发展政府的监管职能，构建生态环境制度体系作为监督管理的基本保障。建立健全实现新型城镇化和城市生态环境建设相互促进、共同发展的政策导向，构建有利于城市生态环境建设的政策体系。着重针对城市生态环境建设中大气污染、固体废弃物污染、生活垃圾以及资源利用等问题，制定、出台相关可操作性强的制

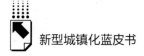
度，从根本上防治人为活动特别是经济开发所造成的城市生态环境破坏。同时，完善城市生态环境建设中的问责与激励制度，增加城市生态环境建设绩效考核在政府和干部绩效考核中的权重，逐步建立起科学考核指标体系和评估系统。

参考文献

［1］徐素云等：《生态文明建设与新型城镇化关系研究》，《环境发展》2015 年第 4 期。

［2］史伟：《西安市城市生态环境建设及可持续发展研究》，硕士学位论文，成都理工大学，2013。

［3］万和文、李春梅、周忠泽：《加强生态环境保护的管理对策》，《资源节约与环保》2015 年第 11 期。

［4］江璐明等：《新型城市化背景下的广州市生态城市发展战略》，《安徽农业科学》2016 年第 24 期。

［5］彭一鸣：《城市生态环境建设与生态化》，硕士学位论文，江西师范大学，2011。

［6］李辉：《新型城镇化与生态文明建设协同推进路径探析》，《环境保护》2015 年第 23 期。

［7］魏澄荣：《推进新型城镇化与生态文明融合发展》，《中国集体经济》2015 年第 31 期。

［8］刘晓圆：《城镇化进程中的生态环境问题及对策研究》，硕士学位论文，燕山大学，2014。

［9］中共石家庄市委党校课题组：《加强省会生态环境建设研究》，《中共石家庄市委党校学报》2015 年第 12 期。

［10］谢启标：《新型城镇化推进中的生态文明建设思考》，《福建金融管理干部学院学报》2014 年第 1 期。

B.9
政社合作共建地下城市空间
——地下综合管廊建设运营的 PPP 模式

满 莉*

摘　要：　地下综合管廊是国家政策大力鼓励的基础设施，其建设及融资所涉及的技术、管理因素和社会主体非常复杂，PPP 模式（政府和社会资本合作）是地下综合管廊建设的最佳选择。本文对地下综合管廊发展历程、现行政策及规定、主要的 PPP 建设及运营模式进行了总结梳理，在此基础上提出了进一步促进其发展的建议和展望。

关键词：　地下综合管廊　运营模式　政社合作　社会投资人

一　地下综合管廊发展历程

（一）国外起源

世界上最早的地下综合管廊是 1833 年在巴黎建设的，建设之初

---

* 满莉，管理学博士，财政部财政科研所应用经济学博士后，中国财政学会 PPP 专委会副秘书长、中国 PPP 研究院副院长、住建部海绵城市建设专家委员，参与财政部、环保部关于援外 PPP 项目与合作培训、亚行 PPP 项目合作研修班培训以及财科所 PPP 专委会与毕马威、大岳咨询等合作项目，研究方向为普惠金融及其财税政策，主要成果有《现代服务业公共产品的供给机制研究》《文物保护经费绩效管理研究》《基于非物质资源要素的现代服务业深化研究》《我国融资租赁业 SPV 税收政策研究》《新避税和反避税实务》《WTO 规则与对策》《企业税收策划》《税法》等。

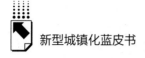

的主要目的是排放雨水、污水，而没有敷设别的管线。19 世纪下半叶，巴黎市政府为了提高综合管廊的使用效率，在管廊内又增加了供水管、煤气管、通信线缆等类型的管线。

1893 年，德国汉堡开始在街道两旁的人行道下方建设综合管廊，与法国兴建的主要目的是排污导流不同，德国兴建的地下综合管廊主要为了收容燃气管和自来水管。1945 年以后，德国成立了相关部门专门负责地下综合管廊的建设与运营，开始重视对地下综合管廊的管理。

日本是目前世界上地下管廊建设最先进的国家之一，主要原因是日本多发地震，而地震对直接埋设在地下的水管、燃气管损害很大。1926 年，日本政府在东京都复兴计划中专门提出建设综合管廊的任务，以减轻自然灾害对市政管线的破坏程度。

（二）国内发展

相比国际上很多国家从 19 世纪就开始建设地下综合管廊，我国开始建设的时间较晚，第一条综合管廊在 1958 年才建造完成，位于北京天安门广场下，长度也只有一公里。需要说明的是，这条我国最早修建的地下综合管廊并不是严格意义上的管廊，因为其结构简单，管线种类也少，所以常被称作"共同沟"。

我国第一条建设规模较大的、运营较完善的地下综合管廊，是上海市政府于 1994 年修建在上海浦东新区张杨路人行道下的两排综合管廊，宽 5.9 米、高 2.6 米、长 5.6 公里。这条综合管廊已经具备了现代化的地下综合管廊的雏形，管廊内不仅敷设了给水管道，而且添加了燃气线、电力线、通信光缆等管线类型。

至此，在具备相关的经验和案例执导的情况下，我国的地下综合管廊建设进度迈上了一个新台阶，各地开始逐步重视管廊的建设和运营。在一些旧城区改造、高新区新建的项目中，也越来越多地出现地下综合管廊的身影。

2015 年 4 月，在住房和城乡建设部、财政部开展的中央财政支持地下综合管廊试点工作的会议上，据住房和城乡建设部副部长陆克华透露，目前全国共有 69 个城市计划开展地下综合管廊建设，建设总长约 1000 公里，总投资规模约 880 亿元。

二　现行政策及规定

我国有关地下综合管廊项目的法律法规主要从 2013 年开始陆续制定。目前，与地下综合管廊建设、运营、投融资等相关的政策法规如表 1 所示。

表1　中央关于综合管廊项目政策法规汇总表

效力层级	发布部门	名称	发布及修订时间
法律	全国人民代表大会	《中华人民共和国物权法》	2007.03.16
	全国人大常委会	《中华人民共和国人民防空法》	2009.08.27
	全国人大常委会	《中华人民共和国城乡规划法》	2015.04.24
国务院文件	国务院办公厅	《国务院办公厅关于推进城市地下综合管廊建设的指导意见》	2015.08.03
	国务院办公厅	《国务院办公厅关于加强城市地下管线建设管理的指导意见》	2014.06.03
	国务院	《国务院关于加强城市基础设施建设的意见》	2013.09.06
部门规章	国家发展改革委、住房和城乡建设部	《关于城市地下综合管廊实行有偿使用制度的指导意见》	2015.11.26
	住房和城乡建设部	《关于做好城市地下综合管廊建设项目信息上报工作的通知》	2015.11.04
	住房和城乡建设部	《关于印发〈城市综合管廊工程投资估算指标〉(试行)的通知》	2015.07.01

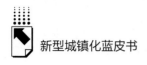

续表

效力层级	发布部门	名称	发布及修订时间
部门规章	住房和城乡建设部	《关于印发〈城市地下综合管廊工程规划编制指引〉的通知》	2015.05.26
	国家发展改革委	《关于印发〈城市地下综合管廊建设专项债券发行指引〉的通知》	2015.03.31
	财政部、住房和城乡建设部	《关于组织申报2015年地下综合管廊试点城市的通知》	2015.01.04
	财政部	《关于开展中央财政支持地下综合管廊试点工作的通知》	2014.12.26

三 建设及运营模式

（一）管廊建设运营采用PPP模式的优势

1.融资方面

一般而言，政府的融资渠道较窄，融资方式也较少，故以政府为融资主体，或多或少地存在自身融资渠道单一、资金不足的问题。通过PPP模式，政府可以与社会投资人合作，通过成立项目公司的方式来建设地下综合管廊，一般政府出资额都在20%以下，这就解决了用少量资金完成大型项目融资难的问题。同时，相较于政府，社会投资人的融资渠道多，融资方式也较多，比如，上市公司可以通过发行长期债券、中期票据、收益债券等市场化的融资方式，在金融市场中进行融资，大大提高融资的额度和成功率，这样就能缓解政府在融资方面的短板，达到减轻地方政府债务压力的目的。

2.技术方面

地下综合管廊项目不仅包括工程建设，而且包括各种管线的敷设，比如，热力管道和水力管道不仅在管道材质上不同，而且在管道设计及安置条件等各方面技术上都有不同的要求，如果只由政府独自建设运营，不仅不合理，而且会极大地加重政府的负担，因为各种技术的处理和方案的选择都需要不同的工程专家来解决，政府显然无法做到十全十美。

但通过采用 PPP 模式，政府可以选择专业的工程建设公司、运营公司来参与综合管廊的建设和运营，政府只需要行使好监管的职能，保障综合管廊的质量和使用效率即可，免除了很多技术上的细节和复杂的问题，大大减轻了政府在技术方面的压力。同时，各种工程建设公司和运营公司长期形成的专业性也会让综合管廊的技术和质量提升一个台阶。

3. 效率方面

如果地下综合管廊项目仅有政府参与，那么政府虽然有提高公共服务质量，增加公众效益的追求，但由于自身人员专业水平不足，且人员配置单一，势必会造成综合管廊项目在设计、建设、运营等细节上缺乏相关保证，即政府"有心而无力"。而管廊建成后长期的运营也会让政府不堪重负，不仅仅体现在人员不足上，还因为政府工作人员不具备专业的运营经验而导致建成的管廊使用效率无法最大化。在社会投资人的参与下，政府完全可以将与综合管廊项目相关的建设、运营等工作全部交给社会投资人，由专业的项目建设和管理公司来负责，政府只需行使好自身的监督职能即可，极大地提高了管廊的使用效率，也减轻了政府的人事负担，真正做到让专业的人来做专业的事。

4. 风险控制方面

在没有社会投资人参与综合管廊项目的情况下，综合管廊项目的建设和运营风险完全由政府承担，包括工期延误、设计不合理、后期经营不善导致巨额亏损等风险完全无法分担，等于变相加重了政府的

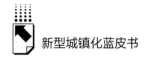

负担，由于政府在专业性上的欠缺，也会使管廊的建设及运营风险增大。在社会资本的参与下，原先由政府100%承担的风险可以转移相当大一部分由社会投资人来承担，社会投资人在承担项目风险的情况下，也会对项目的完善出一份力，真正减小了项目潜在的风险，有效地使项目风险得以控制和分散。

（二）管廊PPP模式前期论证

PPP模式的核心理念是"收益共享，风险共担"，并以提高公共设施建设及公共服务质量为目的。通过在项目中加入社会投资人，避免地方政府在项目建设的过程中出现"一言堂"，使城市的基础设施建设更加符合大众的需求，最终达到简政放权、减少失误、减轻地方政府负担的效果。凡事预则立，不预则废，要让综合管廊PPP模式真正发挥作用，做好项目前期的论证工作是必需的。具体而言，项目前期的论证工作主要有以下几个方面。

1. 组织机构的专业性

综合管廊作为一类复杂的建设项目，需要专业的组织机构负责施工、建设和运营。在管廊项目实施之前，政府应牵头成立综合管廊管理委员会对管廊进行监督管理。管理委员会的成员包括但不限于地方政府的领导、分管财政和建设部门的负责人。在组织结构上，管理委员会可下设相关办公室将工作进行细化，做到各司其职。例如，项目管理办公室负责综合管廊建设区域整体的管网规划、协调、建设和管理；管线建设办公室负责相关管线，诸如电力线、热力线、通信线等管线的运营和管理。在日常管理方面，综合管廊管理委员会对管廊的相关绩效进行考核和监督，组织相关单位开展协商会议，细化诸如管廊入廊条件、收费机制等相关内容。

2. 专业技术的可行性

综合管廊在建设和运营的过程中涉及的技术复杂深入，"可行"

的综合管廊技术手段既减轻成本费用的负担，又使其长期保持技术的先进性。在建设过程中，综合管廊管理机构应首先确定相关工程技术规范文件，然后组织各个建设单位的工程专家，对建设过程中需要采用的技术进行反复论证，对技术进行改进，制定符合当地实际的建筑设计方案，确保最终的设计方案得以实施。在必要的情况下可以聘请外国专家对管廊的建设技术进行论证，保证建设综合管廊技术的可行性。此外，通过完善相关的技术标准，能够给相关的综合管廊提供经验参考，以更好地推广和使用管廊建设的 PPP 模式。

3. 项目投资的可靠性

相较于其他领域的工程建设，地下综合管廊的建设涉及的方面更加复杂，包括纷繁复杂的电力线、通信线、给排水管道等各种管线，对管廊的建设提出了严格的要求。同时，相较于传统的直埋法，综合管廊在建设技术方面要求更加复杂，投资金额也远远高于普通的管线埋设，因此在没有合理的风险分配机制的情况下，社会投资人参与综合管廊建设的积极性很低，政府需要提出切实可行的方案，保障社会投资人在投资过程中所承担的风险。只有在相关法律法规的保证下，社会投资人才有可能自发投入地下综合管廊 PPP 模式的建设。

4. 项目运维的可控性

地下综合管廊作为一种城市公共基础设施建设，首要目的是满足提供公共服务、提高社会效益的要求，这就要求政府在前期论证时应在合同上与社会投资人约定好项目的收费标准、运营期限、意外情况处理方式等条款，保证政府能够正常地行使其监督和管理职能，同时又保证有法可依、有据可依，不给社会投资人带来额外的合同违约风险。

综上所述，要真正落实综合管廊建设的 PPP 模式，需要地方政府协同社会投资人在前期成立综合管廊管理组织，在管廊建设前期制定缜密的规划，因地制宜地设计相关建设方案，在项目的建设期需要

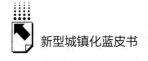

政府行使自身的监管职能，在保障社会投资人在取得一定收益的情况下，最终通过合理的投入造福百姓，达到政府与社会投资人共赢的效果。

（三）管廊 PPP 模式运作方式比较

1. BOT 模式（建造—运营—移交模式）

"B"即建造，"O"即运营，"T"即移交，BOT 模式即建造—运营—移交的模式。不同于 BT 模式中社会投资人在建设好项目以后即交付给政府，一手交货、一手收钱的模式，BOT 模式多了社会投资人在综合管廊项目建成后运营的过程。

地下综合管廊建设 BOT 模式如图 1 所示。BOT 模式的主要流程是，政府先通过竞争性程序选择合适的社会投资人，再通过与社会投资人设立的项目公司签订 BOT 协议的方式，规定政府和社会投资人在项目公司中所占股份、权利和责任等相关事项，由项目公司负责地下综合管廊事务的投资、建设、运营、管理等相关工作。BOT 协议中还会规定社会运营项目的期限，通常在 20 年以上，运营到期后，政府无偿接受社会投资人所转让的运营和所有权。项目公司在社会资本运营期内，获取收入的来源主要包括与入廊费和维护费等与综合管廊相关的收益、中央财政及当地政府的补贴等。当地政府为吸引社会投资人投资而出台了一系列相关的优惠政策。

2. TOT 模式（转让—运营—移交）

"T"即转让，"O"即运营，"T"即移交，TOT 模式即转让—运营—移交的模式。

与 BOT 模式主要用于新建的 PPP 模式的项目不同，TOT 模式主要用于将现在不属于 PPP 模式的项目，通过相关的改造和完善，最终以 PPP 的模式运作。TOT 模式的主要流程为，政府先和社会投资人签订 TOT 协议，协议中规定政府和社会投资人在项目公司中所占

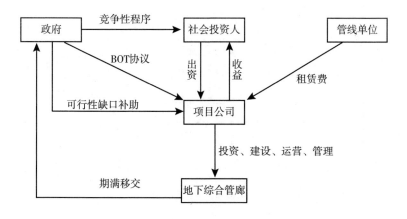

图1　地下综合管廊建设 BOT 模式

股份、权利和责任等相关事项，协议订立完毕后通常由社会投资人设立项目公司，政府再通过有偿转让的方式，将原先在建或已立项的综合管廊项目交给项目公司建设运营，在运营期满后由社会投资人将综合管廊项目无偿移交给政府。

3. BLT 模式（建设—租赁—移交）

"B"即建设，"L"即租赁，"T"即移交，BLT 模式即建设—租赁—移交的模式。

地下综合管廊建设 BLT 模式如图 2 所示。其主要流程与以上两种模式相同的是，在 BLT 模式下政府先通过竞争性程序选择合适的社会投资人，再通过与社会投资人设立的项目公司签订 BLT 协议的方式，规定政府和社会投资人在项目公司中所占股份、权利和责任等相关事项，由项目公司负责管廊的建设完工。与以上两种模式不同的是，在综合管廊完工后，运营权由项目公司出租给政府，由政府负责，同时政府在运营期间向项目公司支付租赁费用。租赁期满后，项目公司再将运营权无偿移交给政府。

在最新的政策环境下，政府收取入廊费的情况不符合法律法规，因此实际项目中通常不采用这种模式。

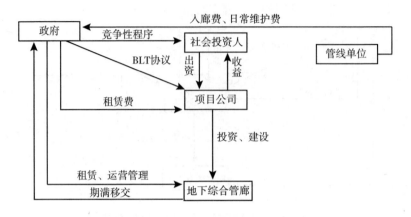

图 2　地下综合管廊建设 BLT 模式

4. BOO 模式（建设—拥有—运营）

"B"即建设，第一个"O"为拥有，第二个"O"为运营，BOO
模式即建设—拥有—运营的模式。

BOO 模式的主要流程为，政府先和社会投资人签订 BOO 协议，
协议中会规定政府和社会投资人在项目公司中所占股份、权利和责任
等相关事项，协议订立完毕后通常由社会投资人设立项目公司，负责
管廊的建设与后期运营。与以上三种模式不同的是，BOO 模式下的
项目公司在运营期满后会获得综合管廊的产权。BOO 模式下项目公
司获取收益的来源与 BOT 模式相同。另外，项目公司可以依法将有
自身已有产权的综合管廊项目出租给其他的运营者，以获取租金
收益。

5. ROT 模式（改建—运营—移交）

"R"即改建，"O"即运营，"T"即移交，ROT 模式即改建—
运营—移交的模式。

与 TOT 模式类似，ROT 模式下政府先和社会投资人签订 ROT 协
议，协议中会规定政府和社会投资人在项目公司中所占股份、权利和
责任等相关事项，协议订立完毕后通常由社会投资人设立项目公司，

政府再通过有偿转让的方式，将原先在建或已立项的综合管廊项目交给项目公司建设运营，在运营期满后由社会投资人将综合管廊项目无偿移交给政府。与 TOT 模式不同的是，在 ROT 模式下政府还会对项目公司提出额外的要求，如进行扩建、改建管廊等工作，以符合实际区域的建设要求。

6. 其他模式

除上述五种模式之外，还有 BTO（建造—移交—运营），DBFO（设计—建造—融资—经营）等模式。此外，在实践中各种模式也不是互相割裂的，例如，并不是采用了 BOT 模式就无法采用 TOT 模式，还可以采用 TOT 模式和 BOT 模式相组合的方式，将存量资产和新建资产组合起来，达到盘活资产效率的目的。

（四）管廊 PPP 模式投资回报机制

1. 收益机制分析

目前国内地下综合管廊 PPP 模式项目主要通过以下三种方式获取收益：对管线单位收取初次入廊时所需缴纳的入廊费、综合管廊运行期间项目公司向入廊单位收取的运营维护费以及获得政府给予的相关可行性补贴。目前国内综合管廊的主要收费机制见表2。

表2 综合管廊 PPP 项目的收费机制

收费结构		使用者付费 + 可行性缺口补助
收费方式	一部制收费	服务费
	两部制收费	1. 可用性绩效指标及可用性服务费 可用性付费的支付前提为项目竣工验收通过或者以其他方式依法确认的验收通过。最终确定的可用性付费金额需根据乙方在投标文件中的报价以及本工程经财政局审定的结算价进行计算
		2. 运营维护绩效及绩效服务费 在运营期内,运营维护费用根据相应的调价公式进行调整

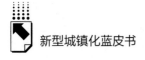

2. 收费定价方法

目前国内已建成的综合管廊在确定管廊入廊费的基准时，主要参考管线单位在用传统的地下埋设方式时所花费的成本，即以"直埋成本法"为对相关管线企业入廊的收费依据。一般来说，在确定入廊的管线单位所缴纳的入廊费时，其收费上限不应超过相关管线单位按传统方式直接将管线埋设在地下的费用。但实际过程中，由于管廊的建设费用较传统的直埋法成本高出数倍，因此入廊费对于入廊的管线单位而言是一笔很大的支出，为了减少这笔支出对企业造成的压力，可由入廊的管线单位采取分时段、分期限缴纳入廊费的形式，达到分摊成本，降低企业资金压力的效果。

在确定地下综合管廊管理维护费用时，国内普遍采用"空间比例法"来确定入廊的管线单位需要缴纳的管理维护费，管线单位按照自己所有的廊内管线占管廊横截面积或者整体体积的比例，确定自身分摊综合管廊全部管理维护费的比例，按需缴费。

此外，在管廊运营期间，社会物价并不是一成不变的，像2016年螺纹钢价格暴涨近一倍的情况，就给相关建筑企业在建筑成本上带来了巨大的费用超支。因此，在收费标准和定价方式的制定上，应该不断根据物价水平和工业品价格的波动，对入廊费和维护管理费进行定期调节，要实现这一机制，就需要政府方和社会资本方在综合管廊PPP模式项目前期论证时进行相关规定和安排，提前制定合理的费用调整机制，明确调价的具体周期和细节标准，以达到在漫长的管廊使用期间稳定各方收益的目的。

需要注意的是，在目前的情况下，地下综合管廊的收费机制并非尽善尽美，缺乏相关的收费细则和公式来计算具体的收费金额。政府在设置相关的收费标准和机制上由于缺乏经验和专业的财务计算能力，设计出来的收费方案要么收费过高，大大降低了管线单位入廊的积极性，要么收费方案收费过低，根本无法弥补项目公司的前期投入，大大降低了社会投资人参与地下综合管廊 PPP 模式项目的积极性。

（五）管廊 PPP 模式项目实施要点

每一个城市的每一个综合管廊 PPP 模式项目，在建设运营的过程中都牵涉很多复杂的具体事务，如何透过琐碎细节抓住管廊 PPP 模式项目顺利建设运营的核心，需要注意以下几个要点。

1. 适当延长合作期限

地下综合管廊建成后效益的体现是一个长期的过程，采用传统"直埋法"埋设的管线寿命一般不超过 20 年，而综合管廊中管线的使用寿命是传统直埋管线的数倍，这种使用寿命的差距直接体现出综合管廊的优越性和产生的收益，如消除"马路拉链"及减少反复开挖道路造成的拥堵现象。同时，由于现代化监控设备的更新和设置，管线敷设在管廊内，更加便于管线单位对其进行运营和管理，从而大大降低管线单位的管理和运营成本。

不过凡事皆有两面性，综合管廊实现的经济效益是建立在长期的使用年限的基础上的，只有长期使用才能体现出其所产生的真正价值，但是为了建设好地下综合管廊，政府和社会投资人需要在项目的前期付出大量的资金和人力投入，这就造成了综合管廊长期收益巨大和短期投入过高、受益与投入期限错配的问题。

基于这种情况，在进行管廊 PPP 模式项目的投融资设计时，应具体情况具体分析，相比高速公路、污水处理等能较快实现收益的公共基础设施建设项目，对于综合管廊项目金融机构和社会投资人的合作期应适当延长。就目前而言，一般综合管廊 PPP 模式项目的合作期限都不应低于 20 年，如果相关的社会投资人能够和金融机构先行协商，确定更长的合作期限则会更好，因为只有长期的合作才能使综合管廊长期价值得以最大化的发挥和体现。

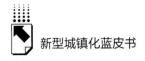

2. 确保管线使用单位协调配合

综合管廊由于所含管线众多，包括水利管道、电力线路、热力线路、污水管道等纷繁复杂的管线，而这些管线又由不同的管线单位负责，属于不同的所有人，既有国有企业，也有私人企业，既有中央企业，也有地方企业，因此协调起来很不容易，稍有不慎很可能就会触发各方的矛盾，导致管线单位不愿意入廊，或者在入廊的某些细节问题上纠缠不清，管廊长期空置，这些情况都不利于综合管廊在建成后得到有效使用。

究其原因，一是包括入廊费和运营维护费等费用在内，初期入廊的管线单位或企业没有取得立竿见影的收益，并且相较于传统的"直埋法"，在综合管廊内铺设管线的成本也高出许多，因为综合管廊体现的是长期的效益，从长期来看企业才能因管线的维护和管理费用减少而得到的实惠，许多管线单位正是因为这个问题放弃综合管廊的形式，依然采用"直埋法"在地下铺设管线。

因此，综合管廊项目在前期规划时，政府方就应与社会资本方共同制订好相关细则，将入廊条件、收费方式、收费定价方式等涉及实际运营过程中的方方面面都写进合同之中，让项目公司和管线单位在日后产生矛盾时能有据可查。

在设置了公平的协议后，管线单位在入廊时可能发生矛盾的点自然就减少了，并且由于受制于同一种入廊规则，基于同一种收费方式，在运营的过程中项目公司对管线单位的管理能力也能够得到加强，只有做好提前谋划，才能避免日后发生很多不必要的冲突和损失。

3. 充分重视中介机构的作用

PPP模式项目本身涉及的法律、建设及运营相关的内容众多，专业性也很强，每一个领域都需要专业的工作人员来负责才能保证项目正常完工和运营，这不仅需要政府方和社会资本方的认真负责，而且需要中介机构参与，提出专业合理的意见，提高项目决策的专业性，继而达到提高项目效率的目的，减少建设运营期间不必要的损失和花费。同时，目前综合管廊 PPP 模式项目所处的法律环境比较复杂，合同条文纷繁复杂，单靠政府方很难理清各个法律条文间的关系，很难保证项目在设计之初就不留瑕疵。因此，为了提高政府的决策效率和公众的整体福利，完善项目的论证和测算、绩效评估等复杂的任务，政府和社会投资人需要充分重视专业的中介机构在项目的推进和完善过程中所起到的作用，达到"四两拨千斤"的效果。

四　对地下综合管廊 PPP 模式的建议和展望

1. 完善项目合同

项目合同乃项目建设之本、运营之源，只有在前期规划时就将项目合同做到尽善尽美，才能在综合管廊项目的建设和运营期间避免不必要的麻烦和纠纷。然而实际情况是，很多地区政府和社会投资人在综合管廊 PPP 模式项目的设计之初，都不重视项目合同，很多项目的建设运营细节，比如，采用什么技术建设综合管廊，采用什么方式对管线单位进行收费，如何随着时间推移调整定价机制等方面，都含糊不清、模棱两可，给日后地下综合管廊 PPP 模式项目的建设和运营埋下了深深的隐患，这是项目的各个参与方都应加强重视的。

关于地下综合管廊 PPP 模式的主要合同体系，如表 3 所示。

2. 拓宽融资渠道

在当今金融产品丰富、融资渠道多样的新形势下，项目参与各方都应积极探索低成本、长期限的新型融资渠道，比如，作为政府在不加重自身财政负担的情况下，可以通过与规模大、施工能力强的央企进行合作，采用建筑公司入股，对管廊建设进行总承包的方式缓解地

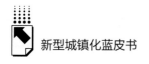

表3　地下综合管廊 PPP 模式主要合同体系

类似合同名称	签约甲方	签约乙方	关键内容
合作协议	政府实施机构	中标社会资本	社会资本投资设立项目公司，提供融资、技术、管理等支持
项目投资建设运营维护服务协议	政府实施机构	项目公司	融资、建设、运营、维护、收费、移交
股东协议	中标社会资本各方		投资设立项目公司
公司章程	项目公司股东		设立项目公司及法人治理结构
融资合同	项目公司	资金提供方	融资
设计合同	项目公司	设计单位	建筑设计
施工合同	项目公司	施工单位	施工建设及交付
采购合同	项目公司	供应商	货物和服务提供
保险合同	项目公司	保险公司	相关保险
	施工单位	保险公司	建设过程中各项保险

方政府融资难的问题。同时，各项目参与方也可以尝试新的融资渠道，例如，通过将综合管廊 PPP 模式项目资产证券化、发布综合管廊 PPP 模式项目资管计划、吸纳私募基金投资入股等多种渠道来募集项目所需资金。

3. 合理规划，重视运营

城市地下综合管廊的运营是一项长期的工作，这和综合管廊的使用寿命普遍在 80 年以上有关。要做到在近百年的时间里让地下综合管廊持续有效地发挥其作用，就要在规划设计之初考虑如何使建成后的管廊适应城市日后的拓展与更新。随着时代不断进步，保持技术的先进性，这样才能在漫长的使用期限内持续不断地发挥综合管廊应有的价值。同时，很多政府及社会投资人只关注项目的前期施工与建设，而对管廊建成后的运营不管不顾，殊不知这违反了管廊 PPP 模式重视运营的理念。因为没有细致良好的运营，综合管廊项目就难谈回报和收益，没有收益和回报就会加重政府财政承受的负担，同时也给社会投资人带来很大的投资风险。在后续情况不明朗的情况下，势必会打击政府投资人和社会资本参与管廊 PPP 模式项目的积极性。

4. 创新管廊多功能化利用

虽然地下综合管廊的主要作用是容纳管线，但如果在合适的范围内对管廊的功能加以拓展，往往能使地下综合管廊发挥更大的作用。

比如，在战争时期，地下综合管廊完全可以起到防空洞的作用。同时，由于综合管廊的管道本身四通八达，覆盖城市的大部分区域，管廊作为一个通道，如果能在其中加入合适的传送装置，就能运输包括垃圾、货物等在内的小型物品，这时候管廊产生的价值就不仅仅是降低管线的维修成本和美化市政环境，还能降低企业运输成本，创造更多的社会价值。

五　结语

百年大计，基础为先。地下综合管廊虽然还处在发展初期，存在融资难、回报慢的问题，很多地方还亟待完善，但其提高公众服务水平，提升社会整体效益的功能已经逐渐被人们所认识，对于推进我国供给侧的改革也有重要的意义，而采用 PPP 模式建设运营综合管廊项目，更是历史的趋势，未来的潮流。可以预见，在日后综合管廊相关法律法规得到逐步完善的情况下，在我国目前加大对基础设施建设力度、提高公共服务质量的形势下，综合管廊的发展必然会呈现欣欣向荣的新局面。

参考文献

［1］《地下综合管廊：未来城市的"主动脉"》，新华网，http：//news.

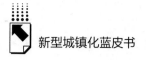

xinhuanet. com/fortune/2015 –07/31/c_ 1116108411. htm，2015 年 7 月 31 日。

［2］于晨龙、张作慧：《国内外城市地下综合管廊的发展历程及现状》，《建设科技》2015 年第 17 期，第 49～51 页。

［3］《五举措推进城市地下综合管廊建设》，《人民日报》2015 年 8 月 1 日，第 2 版。

［4］张旭东：《最全投资小报告：六点读懂万亿级地下管廊大市场》，第一财经网，http：//www. yicai. com/news/4689519. html，2015 年 9 月 23 日。

［5］《综合管廊建设之政策发展篇》，中国工程建设网，http：//www. chinacem. com. cn/ppp – zcfg/2015 – 11/200150. html，2015 年 11 月 5 日。

［6］周兰萍：《PPP 项目运作实务》（第一版），法律出版社，2016，第 181 页、第 197 页、第 211 页。

［7］《地下综合管廊项目 PPP 模式案例解析》，中国建设科技网，http：//www. build. com. cn/Item/8113. aspx，2016 年 4 月 22 日。

［8］常庆海、张若乔：《地下综合管廊项目 PPP 模式详解》，《中国建设报》2016 年 1 月 15 日，第 5 版。

［9］刘敬霞：《地下综合管廊 PPP 项目实施要点及投融资结构设计》，《深圳土木 & 建筑》2016 年第 2 期，第 115～116 页。

案 例 篇

Case Reports

B.10

特色产业在区域产业结构中的
地位和作用

——基于浙江乌镇和安徽六安等案例的分析研究

马俊 翟普*

摘　要：　党的十八大把推进城镇化作为解决制约我国经济持续
健康发展结构性问题的一项重大举措，强调坚持走中
国特色新型城镇化道路。自"新型城镇化"提出以来，

* 马俊，毕业于英国萨塞克斯大学，管理学硕士，现任北京创客行科技有限责任公司咨询总
监，主要研究领域为区域产业发展和园区经济，主持参与过"池州市大健康产业发展规划"
"贵阳市区域创新型中心城市发展研究""贵阳市工业大数据发展研究"等多个规划和研究
项目。翟普，经济学硕士，龙信数据（北京）有限公司招商事业部高级咨询顾问，主要研究
领域为科技政策、产业规划与区域创新，主持参与过多个城市、园区战略规划项目，包括
"科技服务业信用评价体系研究""中关村核心区科技服务业'十三五'规划""中关村科技
服务业现状研究""朝阳区孵化器和众创空间调查研究""北京市发展'高精尖'产业路径
研究""科技创新提升北京传统服务业发展研究"等。

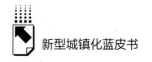

对有关区域产业结构的研究已屡见不鲜，但相关研究多为基于社会网络分析法的产业结构分析，而对新型城镇化发展起至关重要作用的特色产业发展研究则相对较少。本文侧重研究特色产业在区域产业结构中的地位及对区域产业结构配置产生的影响。文章首先对我国区域产业结构及特色产业的发展历程、特点和现状进行研究综述；其次通过案例（乌镇、六安茶谷）对比研究，分析案例中特色产业对当地产业结构产生的影响；再次对特色产业在区域产业结构中的地位和作用进行总结。本文旨在通过相关分析推动区域产业结构合理化，实现资源在各产业间的优化配置，为新型城镇化建设提供可参考方向。

关键词：　特色产业　区域产业结构　乌镇　六安茶谷

2016 年 7 月，住房和城乡建设部、国家发展改革委、财政部联合下发《关于开展特色小镇培育工作的通知》（本文以下简称《通知》），《通知》要求到 2020 年，培育 1000 个左右各具特色、富有活力的休闲旅游、商贸物流、现代制造、教育科技、传统文化、美丽宜居等特色小镇。《通知》亦对特色小镇发展原则做出规范，即从当地经济社会发展实际出发，发展特色产业，传承传统文化，注重生态环境保护，加强市政基础设施和公共服务设施建设，依据特色资源优势和发展潜力，坚持突出特色。《通知》中所指的特色产业为何？如何发展特色产业？特色产业如何影响区域产业结构带动区域经济发展？本文将通过分析乌镇及六安案例从中寻找上述问题的答案。

一 特色产业在产业经济实践与理论中的地位

（一）特色产业在实践中得到重视

区域产业结构发展不均衡是特色产业得到重视的重要原因。我国产业结构地区分类如表 1 所示。

表 1 产业结构地区分类

地区类别	东部	中部	西部	东北
省份	北京、天津、河北、上海、江苏、浙江、福建、山东、广东、海南	山西、安徽、江西、河南、湖北、湖南	内蒙古、广西、重庆、四川、贵州、云南、西藏、陕西、甘肃、青海、宁夏、新疆	辽宁、吉林、黑龙江
1993 年三次产业产值构成(%)	15.84：50.33：33.83	26.22：42.49：31.29	26.76：40.28：32.95	15.66：51.94：32.40
2014 年三次产业产值构成(%)	5.75：45.44：48.80	11.07：49.59：39.34	11.90：47.39：40.71	11.17：47.36：41.47

由表 1 可以看出，我国各地区产业结构的发展不甚平衡，东部、中部及西部地区第一产业产值下降较为明显，东北地区下降较为缓慢；中部及西部地区第二产业产值上升明显，而东部及东北地区则呈现下降趋势；从 1993～2014 年三次产业产值构成可见，所有地区第三产业产值均有所提高，其中东部地区提高较为明显。我国区域产业结构的多层次性决定了我国产业结构的战略调整要结合各区域的结构特征进行，而特色产业即为产业结构调整的依托和契机。

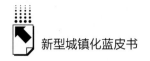

（二）特色产业在理论研究中有一定地位

对区域产业结构的趋同逐渐清晰地认知使特色产业地位得以真正提升。诺贝尔经济学奖得主美国经济学家科斯认为，缺乏统一市场势必造成区域间交易成本扩大，导致产业结构同化、产业相似度偏高、过度竞争激烈、竞争费用和保护成本增大等畸形发展。对造成我国区域产业结构趋同的原因，国内学者的研究可大致归纳为：经济发展阶段说、地方利益博弈说、官员政绩追求说、知识与技术溢出说、资源禀赋相似说、机制体制相近说、协调机制缺失说。

区域产业结构趋同本非价值判断，而是有合意性与非合意性之分。李燕华等（2008）认为，非合意性趋同是指在资源配置中政府发挥主导作用的基础上，地方政府基于地区利益或政绩意识，脱离当地经济发展与建设的条件和特点，背离区域经济分工的客观要求，片面追求地区产业结构体系的独立性、完整性，使用财政资金或通过其直接、间接控制的国有企业进行不负长期或最终责任的投资活动造成的产业结构趋同。

二 我国特色产业影响区域产业结构
配置的案例研究

（一）案例研究方法和角度

本文采用定性与案例分析相结合的方法，通过分析乌镇和六安特色产业发展历程及方式，研究案例中地区特色产业的定位对该区域产业结构优化的影响及如何推动区域经济转型升级。并试图以此实际案例为切入点分析特色产业在区域产业结构中的地位和作用的共通性，建立理论与实际的关联性，加强特色产业对区域产业结构影响的印证。

（二）案例描述

1. 乌镇——"互联网＋"

（1）概况

乌镇，隶属浙江省嘉兴市桐乡，地处江浙沪"金三角"之地、杭嘉湖平原腹地，距杭州、苏州均为80公里，距上海140公里。2010年，实现地区生产总值19.1亿元，比2005年增长81.9%，年均增长12.7%。服务业产值也由2005年的6.1亿元增加到2010年的11.7亿元，年均增长14%。2012年，全镇完成服务业增加值10.74亿元，同比增长13%，占地区生产总值比重达50.5%，比上年同期提高1.8个百分点。2014年，世界互联网大会永久落户乌镇，力争建设互联网时代的"共生城市"，打造智慧城镇的全球样本，当年实现地区生产总值27.2亿元，同比增长7.9%；实现财政收入2.7亿元，同比增长10.9%；服务业增加值占地区生产总值比重提升至51%，比上年同期提高1个百分点。通过产业发展，小镇吸纳周边农村剩余劳动力就业的能力明显提高，带动农村发展的效果明显。

（2）禀赋

乌镇与上海、杭州等大城市之间的交通便利，环境优美，互联网基础设施完善，有大量低成本的创业场所。乌镇利用其特色禀赋在智慧景区、智慧政务、智慧养老、智慧医疗、智慧交通、智慧环保和无线网络覆盖等信息化基础设施的软硬件建设方面成效凸显。

（3）特色

"互联网＋"的发展将进一步带动乌镇的旅游、文化、养生养老及农业的发展。就"互联网＋"旅游而言，智慧旅游服务、旅游电商服务、虚拟旅游体验等都为"互联网＋"衍生产品（见图1）。加之2015年8月浙江省人民政府批复设立乌镇互联网创新发展试验区，乌镇CIFC普众创客空间启用，"互联网＋"信息安全产业园签

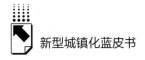

约，乌镇已经迈出了互联网创新创业的先行先试步伐。未来互联网时代的发展将为乌镇依托自身优势拓展互联网创新创业功能提供更多机遇。

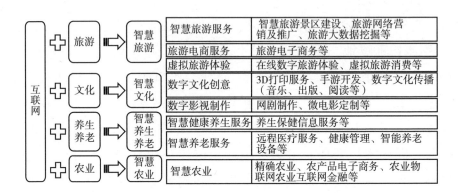

图1　乌镇"互联网＋"产业发展引导

①"互联网＋"医疗

乌镇积极发展基于互联网的医疗卫生服务，充分发挥互联网、大数据等信息技术手段在分级诊疗中的作用，创建"全国互联网分级诊疗创新平台"。乌镇互联网医院开创了在线电子处方、延伸医嘱、电子病历共享等先河，致力于通过互联网信息技术优化医疗资源配置、提升医疗服务体系效率，打造专业的互联网分级诊疗平台。

②"互联网＋"交通

乌镇引进智能泊车系统，其中的智能停车机器人是全球首个落地实施的项目，将在第三届互联网大会上首次亮相。

③"互联网＋"养老

乌镇提出智慧养老"2＋2"模式，即两个线上云平台（养老综合服务平台、远程医疗服务平台）加两个线下服务资源（居家养老服务照料中心、社区卫生服务站）。在慢病管理、健康档案、长期照护、营养膳食和社区文化等各方面，实现多层次全覆盖的医养结合，为老年人实现智慧养护乐提供更多健康的保障。

2. 安徽六安茶谷——农业与文化产业结合

（1）概况

2014 年六安市启动"六安茶谷"的建设，2015 年"特色中国·六安馆"上线运营。产业结构明显优化，三次产业结构调整到 15.0∶48.5∶36.5，战略性新兴产业产值占工业总产值比重提高到 18%，现代服务业增加值占服务业总产值比重提高到 40%，农产品加工产值与农业产值之比达到 2.5，产业集群集聚作用更加凸显。

（2）禀赋

六安市具有丰富的资源禀赋。旅游资源有国家 5A 级风景区天堂寨，以及万佛湖、红石谷、将军湖、燕子河大峡谷、皖西大裂谷、梅山水库等风景区；农业种植面积大，农产品丰富，如茶叶（六安瓜片、霍山黄牙）、水稻、板栗、毛竹等；六安市同时还是温泉养生胜地。此外，六安市也拥有丰富的民俗文化、红色文化等文化资源。

（3）区位

六安茶谷规划面积约 5696 平方公里，人口约 157 万，主干线长约 260 公里，建设范围涉及 5 个县区、46 个乡镇、2 个风景区、5 个水库。

（4）特色

①统筹发展特色产业

六安茶谷以六安瓜片为产业基础，全面反映六安茶产业的特色，将六安瓜片、霍山黄芽、金寨翠眉、舒城小兰花、华山银毫原产地和主产区全部纳入茶谷，整合资源，塑造茶谷品牌内涵，大力发展茶谷沿线生态农业和休闲观光农业，鼓励农业产业化龙头企业从事农特产品深度开发、生产加工和品牌营销，拉长茶谷农业产业化链条，提高农产品附加值。

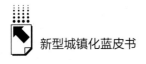

②细化市场，突出主题

打造六安生态谷，建设千万亩森林增长工程、优化饮用水源地周边环境、保护生物多样性实施物种种群及其栖息地恢复示范工程。打造六安产业谷，创立"五朵金花"品牌，统筹发展毛竹、石斛、油茶、赤灵芝、板栗、中药材、高山蔬菜、经济林果、生态养殖、生态水产等特色产业，大力发展六安茶谷沿线生态农业和休闲观光农业，重点打造霍山毛竹、石斛、舒城油茶，裕安、金安、金寨的经济林果，库区生态渔业等产业集中区。

③旅游与养生相结合，提升旅游品质

打造旅游谷，规划建设以响洪甸、佛子岭、万佛湖等大别山湖群为核心的休闲旅游区，重点培育大别山北坡自驾车旅游国家风景道等特色旅游线路，加快发展休闲旅游、自驾旅游、智慧旅游、摄影旅游、探险旅游、登山旅游、水上旅游、科考旅游等新业态。利用丰富的生态资源，打造六安养生谷，实施森林碳汇重点生态工程，建设多级别疗养休闲服务中心，引进远程医疗、高端休闲服务，加强基础和配套建设。

（三）案例中特色产业对区域产业结构的影响分析

1. 特色产业对地方品牌建立的影响

案例中乌镇在尊重当地的现实基础及市场需求下，利用地区禀赋，在原有文化旅游基础上，合理规划"互联网＋"这一核心特色产业，并在企业的招商、培养及产业集群打造上下足功夫。乌镇"互联网＋"特色产业对区域品牌建立起了决定性作用。

2. 特色产业对就业趋势的影响

生活方式的改变进一步促使区域需求升级，就业方向受此影响得以改变。通过乌镇案例分析由于"互联网＋"对当地生活方式的不断渗透，使当地居民、游客及外来创业者的需求细化升级，随之而来的不单是对相关公共服务及政府扶持政策要求的提高，同时也扩张原有就业方向，为当地提供更多就业方向选择。基于多元人群需求细分的乌镇城市活动空间功能组织引导如图2所示。

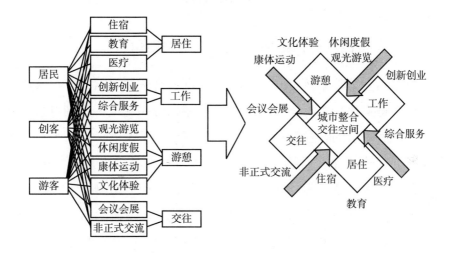

图2 基于多元人群需求细分的乌镇城市活力空间功能组织引导

3. 特色产业定位对区域产业结构的影响

在乌镇案例中，互联网产业在不同领域的渗透深入，促进原有产业（如旅游业）与互联网产业融合发展，助推旅游项目多元化，提高旅游业及相关产业发展水平。

在六安茶谷案例中，"茶叶"是区域产业结构的核心产品，从历年数据看虽然茶叶销售值占地区生产总值比重不高，但是以茶叶生产为核心，茶叶加工产值增加，现代服务业增加值占服务业产值比重提高。由此看来，明确的产业定位即茶叶生产是区域产业结构的根基，对区域产业结构及该地区产业发展方向起决定性作用；茶叶生产及茶文化特色旅游作为明确的主导产业，其他相关辅助产业围绕这一核心协同发展，促使区域产业结构进一步优化。

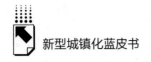

三 特色产业在区域产业结构中的地位和作用

（一）特色产业在区域产业结构中的地位

根据六安茶谷案例可知，六安市根据自身资源禀赋、产业基础及政策优势将文化、旅游、养生与茶产业相结合，建设一系列符合当地实情及发展需求的特色产业，从而推动当地经济发展；而茶产业并非当地经济支柱产业，但特色产业的确立为地方品牌发展创造有利条件，夯实品牌形象，带动相关辅助产业发展，改变区域产业结构。根据乌镇"互联网＋"产业案例可知，"互联网＋"概念的引入使当地企业类型、就业方式及产业需求发生变化，经济效益也得以大幅提高。另外，根据《长江中游地区文化产业发展对区域产业结构演进的影响分析》一文中的资料显示，2005～2014年长江中游地区文化产业增加值不断提高，表明文化产业在区域产业结构及经济发展中发挥着重要作用。由此推论，特色产业是区域产业结构发展的基石和优化的手段，是发展区域经济的重要载体。

（二）特色产业在区域产业结构中的作用

1.影响产业结构调整方向

对乌镇案例进行分析可知，特色产业的发展影响当地企业构成、区域需求及生活方式等方面，如受新兴功能吸引的外来高素质人群将使乌镇人口的年龄结构、知识结构等得到优化；本地中青年人口的外流得以遏制，乌镇的人口老龄化和农村人口减少问题得以改善。可见，"互联网＋"等新兴产业功能已引发乌镇本地人群和外来人群结构的变化，形成"城镇居民＋乡村居民＋游客＋创客

（外来高素质人群）"的新人群结构。"互联网 +"所带来的社会生产方式变革，不仅对乌镇的旅游等传统产业提出了创新驱动、融合链接和开放共享等改造提升要求，而且为乌镇培育"互联网 +"、创新创业等新兴产业及业态提供了难得的发展机遇。当地传统生产方式已受"互联网 +"发展的渗透与影响，产业结构得以优化调整，旅游业发展方式的整体升级，第三产业在区域产业结构中的比重提高。

2. 影响产业结构调整内容

在市场经济条件下，市场力量形成的产业同构可由产品差异化解决。此时，特色产业的发展即是在产业同构下产品差异化的基础。王颖（2007）、丁洪强（2013）指出，文化产业具有的高渗透性、强扩散作用、窗口效应等特点已为理论和实践所证实，由此我们可以推论，文化产业具有很强的延伸和深化产业链的作用，从而影响区域产业结构发展和演变。如乌镇案例所述，乌镇利用"互联网 +"，提高旅游产品的多样性，提升旅游品质，在传统旅游产业基础上将旅游相关资源重新整合，即是对传统旅游产业链的延伸与深化。

3. 影响区域产业结构配置

由六安茶谷案例可知，特色产业发展对产业结构演进和优化起到一定的促进作用，特色核心产业与其衍生产业、上下游关联企业之间属于专业化分工协作关系。同类企业是竞合关系，在此动态过程中，地域内分散市场得以整合，实现资源的合理配置，提高区域经济效益。

参考文献

[1] 刘超、朱满德：《贵州特色农业发展现状、存在问题与对策》，

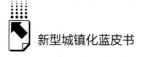

《贵州农业科》2013 年第 3 期，第 214 ~ 218 页。

[2] 马秀珍：《产业集群与区域产业结构优化升级关系解析和政策建议》，《产业与企业》2007 年第 12 期，第 75 ~ 78 页。

[3] 杨精明：《创新产业融合打造六安茶谷》，《茶业通报》2016 年第 1 期，第 20 ~ 23 页。

[4] 董晓莉、汪淳、卢庆强：《互联网时代乌镇生产生活方式变革的规划应对策略》，《规划师》2016 年第 32 期，第 43 ~ 49 页。

[5] 李源、贾士义、路紫：《我国产业结构的演进、区域差异及特征解析》，《山东师范大学学报》2007 年第 4 期，第 93 ~ 96 页。

[6] 江世银：《我国区域产业结构形成及其趋同的历史分析》，《中国经济史研究》2005 年第 1 期，第 133 ~ 142 页。

[7] 孙智军、谢红玲：《长江中游地区文化产业发展对区域产业结构演进的影响分析》，《贵州财经大学学报》2016 年第 4 期，第 11 ~ 23 页。

[8] 余典范：《中国产业结构的区域差异分析》，《上海经济研究》2003 年第 12 期，第 12 ~ 17 页。

[9] 马胜春：《中国区域产业结构与就业结构的差异和变动趋势分析》，《经济研究参考》2014 年第 64 期，第 35 ~ 44 页。

[10] 王颖：《全球化背景下中国文化产业竞争力研究》，博士学位论文，吉林大学，2007。

[11] 丁洪强：《文化创意产业发展对江苏省产业结构优化影响研究》，硕士学位论文，扬州大学，2013。

B.11
基于特色农产品的农业县城镇化发展路径

——以隰县玉露香梨特色产业为例

高剑勇　高淑萍*

摘　要：　农业县如何发挥区域比较优势，发展特色产业，解决"三农"问题，助推城镇化进程，是每个农业县面临的共同问题。本文以隰县玉露香梨产品为例，首先，阐述了传统农业大县在城镇化过程中面临的困境；其次，深度挖掘隰县自然资源、农业资源等方面的比较优势，突破传统梨的销售困境，推出玉露香梨品种；再次，阐述了隰县选择特色玉露香梨品种后，确立聚焦规模化、精品化、品牌化、标准化、多元化、电商化、专业化、融合化八个原则，助推玉露香梨发展；最后，玉露香梨特色产品战略的实施，带领农民走上小康致富之路，进而推动了城镇化进程。

---

* 高剑勇，现任山西省隰县城南乡纪委书记，长期从事县乡基层工作，致力于农业产业发展、城乡开发建设、城乡公共服务等方面的工作，实践涉及工业、农业、旅游、文化、物流、服务等多个行业领域。高淑萍，经济学硕士，现任北京诚和敬投资有限责任公司战略研发部专家及研发业务负责人。从事养老产业全产业链的投资、并购、行业、企业战略规划和集团管控等前瞻性研究与实践工作，曾在养老、医疗、房地产等行业从事策划投资工作多年，为政府和企业编制战略规划、产业规划、盈利模式、小镇策划、企业养老规划等领域进行专业咨询服务。

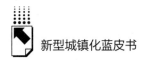

关键词： 农业县　玉露香梨　发展路径

党的十八大提出走中国特色新型城镇化道路，推动工业化和城镇化良性互动、城镇化和农业现代化相互协调，实现四化同步发展。在多年来新型城镇化的改革尝试实践中，先后涌现出了成都模式、天津模式、广东模式、江苏模式和浙江模式。目前，这些城镇化的实践和探索，均是依托工业带动和城镇硬件建设这两大动力，但是对于无法走常规工业化带动城镇化的农业县，如何实现城镇化的发展，本文将深入探讨。笔者所在的农业县就是立足"农业资源"，以"特色玉露香梨产品"为中心推进农业现代化，进而推进城镇化进程。2011 年以来，隰县"玉露香梨"市场价值被不断挖掘，销售价格快速上涨。在这个农业人口占全县总人口 80% 的全国扶贫开发重点县，"玉露香梨"已成为其主导产业——梨果业中最能带动农民增收的王牌品种，有效推动了城镇化进程，从而真正实现了城镇化与农业现代化相互协调，隰县新型特色农业城镇化道路越走越宽。

一　问题研判：农业县城镇化面临的困境

农业县在城镇化过程中一般面临以下三方面的困境：传统的种植业是主导产业；农业产品层次低、农业产业链短；工业基础较薄弱。

（一）传统农业难以支撑城镇化进程

传统的种植业一直是农业县的主导产业。"农业大县、工业小县、财政穷县"是对大多数农业县基本特征的精辟概括。目前，随着总体买方市场的形成和商品短缺经济时代的结束，农业生产进入新的发展阶段，农产品供需矛盾发生了根本性变化，已由全面短缺转变为基本平衡，甚至常有短时间内和结构性局部过剩，开始频繁出现增产不增收或增产减收的现象。城镇化是以城镇文明所代表的现代化成果在全社会的普及和共享，因此，带领农业县走出发展困境是城镇化在这一时代的使命应有之义。

（二）传统农业缺乏现代农业产业链

我国目前的农业现代化进程，就是要通过积极发挥区域的比较优势，不断延伸产业链，使农产品不断加工增值，从而促进农业现代化和城镇化良性互动、共同发展。可以说，农业产业化和产业链的形成对农业县城镇化进程有着决定性影响。

农业县的经济之所以欠发达，主要表现在：①农产品层次低，加工业发展严重滞后于粮食和畜产品生产的发展，更缺少独具特色的终端产品；②农业产业链短，大多数地区还未形成产业链，甚至尚未产业化。

（三）工业薄弱助推城镇化进程乏力

传统农业县工业基础较为薄弱，表现为传统的轻工业、化工业起点低，或更新换代滞后、产能技术落后、机械设备老旧，在市场竞争中失去优势。加之新兴产业缺位，如风力、光伏等新能源产业还处在起步阶段，新型农业业态盈利模式不成熟，互联网与传统产业融合发展效果还不明显，缺乏新的经济增长点，对财税收入的支撑作用和产业发展的带动作用还不强，严重制约了城镇化进程。

针对县域特点、产业格局和当前所面临的新型城镇化瓶颈和困境，如何因地制宜、扬长避短，优化农业和农村产业结构，积极引导农民发展现代农业生产经营？隰县探索出一条依托当地县域自然资源优势和农业资源比较优势，培育发展农业特色主导产业，有效实现农

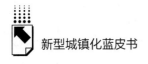

业和农村经济快速发展、农民加快脱贫致富的成功之路，进而为隰县城镇化增添了特色。

二 特色发掘：围绕特色产品发掘区域优势

实现农业转型必须发展现代农业。隰县作为典型的山区农业县、国家扶贫开发重点县，要实现跨越式发展，必须结合当地自然条件，从实际出发，确定特色农产品的种类，进而依托选取的特色产业为立足点，持续延伸可持续发展的相关产业链。同时，将政府引导和市场主导相结合，形成并延长特色产业链，实现农产品价值多级放大。面对酥梨、红富士等传统栽植的梨果市场增长放缓的态势，隰县政府和梨果产业界深入挖掘隰县比较优势，研究解决梨果产业发展瓶颈，适时推出"玉露香梨"，实现了独具特色的终端农产品，有效带动了农业发展，推动了城镇化进程。

（一）优越的自然资源条件

隰县地处晋西吕梁山南麓，临汾市西北边缘黄土高原残塬沟壑区，海拔高，光照充足，昼夜温差大，年平均气温12℃，平均降雨量570毫米，无霜期140~170天，土壤肥沃无污染，发展梨果产业条件十分优厚。

（二）优质的农业资源条件

改革开放后，得益于我国粮食单产不断攀升，粮食总产量和自给率稳定增长，在市场需求引导下，水果种植面积、产量不断增加。在此大背景下，隰县水果种植业也实现了大发展，先后涌现出酥梨、雪花梨、黄金梨、龙宝梨等多个品种，一度被誉为"中国酥梨之乡"。1974年，山西省果树研究所用新疆库尔勒香梨为母本，以河北大雪花梨为父本,培育出一个杂交梨新品种,起名叫"玉露香梨"。1984年,玉露香梨被引入隰县。由于隰县的气温、海拔和土壤结构与玉露香梨要求的自然环境最接近,所以隰县玉露香梨的品质高于其他产区,表现出个大、皮薄、肉细、核小、可食率高、味香、含糖量高的特点,有"中国第一梨"的美称。

(三)丰富的果树种植经验

隰县一直有种植梨果的经验。梨自古就是隰县人的"靠山",《诗经》中"山有苞棣,隰有树檖"的记载,这正是个"泉泊下湿"的隰县。早在明清时期,隰县金梨就小有规模,以蓬门为中心的周边一带都是金梨的集中产地,经过多少个春秋,梨果品种持续更新,从未间断。目前,全县总面积1415平方公里,80%的林地是果林;总人口10万余人,其中农业人口8万余人,80%的农民从事果业生产,80%的农业收入来源于果树,全县农民具有丰富的果树种植和管理经验。

三 "八化"经验:促进梨果现代产业化

隰县于2010年争取财政专项扶贫资金2000万元,整合社会扶贫资金,总计4400万元,经过多年努力,新建标准化玉露香梨种植基地10000亩,标准化示范改造老园4000亩,基本完成辐射全县的优质玉露香梨标准示范园区布局和建设。同时,县委、县政府坚持"梨果富民"不动摇,坚持扩规模、强管理、抓营销、增效益的发展思路,为了做大做强玉露香梨品种,政府采取了一系列的软硬措施,如在北京农业展览馆会,"省长亲自代言,市长倾情推荐,县长带头吆喝"来推广玉露香梨。

(一)种植"规模化"

"十二五"中期,隰县提出了"主攻玉露香、率先达小康"的奋斗目标，规划从 2013 年开始，坚持每年新栽 2 万亩，高接换优 2.5 万亩，确保 2020 年全县玉露香梨栽植面积 30 万亩，挂果面积 20 万亩，果品总产量 4 亿公斤，产值 24 亿元，农民人均收入突破 3 万元，种植面积占比、从业人员占比和人均纯收入占比均达到 80%，全面建成全国玉露香梨基地县，在全省率先实现脱贫致富奔小康。2014 年起，继续扩大栽植规模，精心打造以全县八大塬面为核心的精品玉露香梨示范基地，推动规模化种植。

一是创新宣传方式。针对全县要打破多年来形成的"粮果并举"的产业格局，积极创新宣传方式。一方面实地观摩，组织各村梨果大户外出洛川、保定等地实地观摩学习，增强群众发展玉露香梨的决心；另一方面巡回宣讲，有效利用群众空闲时间，由专家和干部深入各村巡回宣讲，分析玉露香梨的经济潜力和市场前景，坚定群众发展玉露香的信心。

二是创新支持方式。面对群众新栽和嫁接后三年内只投入不受益的实际情况，结合各村实际情况，制订了发展玉露香梨"制度＋激励"的支持办法。例如，有的乡镇制定"一对一"帮扶制度，建立乡村两级干部与农户"一对一"帮扶台账，包含种植技术、施肥技术、修剪技术等方面的指导和引导；而有的乡镇制定资金支持激励政策，对积极发展玉露香梨的农户给予信贷支持，帮助农户与金融部门沟通协调申请小额信贷，解决前期投入困难，进而推动玉露香梨产业规模的持续扩大。

三是创新引领方式。隰县突出基地带动和示范带动。一方面针对基地带动，各乡镇对基地统一实施腾地、打坑、栽植，严把三个关键环节，实现了全面连片，在各乡起到了示范引领作用。另一方面针对示范园带动，全县 97 个村委，每个村委选出 3～5 个示范园，由乡村干部、第一书记包联，从平整土地、幼苗栽植、果树管理、科学施肥、配套设施建设等环节进行把关，高标准扩规模，让示范园在玉露香梨产业扩大规模中起到积极示范带动作用，进一步辐射带动周边各村的玉露香梨规模化发展。

（二）产品"精品化"

"没有精品就没有商品，就没有梨果富民。"隰县连续多年长抓"四配套"（果水配套、果肥配套、果与林下经济配套、果与科技配套），短抓"六环节"（栽、接、管、防、储、销），不断提高梨果产业的精品率。在实施过程中有两个难点环节，就是科技人才配套与林下经济配套，隰县有效实施这两个方面的攻坚，促进了"四配套""六环节"的顺利推进，精品率逐年提高。一是攻科技人才之坚。面对梨果产业科技人才整体力量薄弱，隰县坚持"走出去、请进来"，多渠道培养梨果生产管理技术人才。二是攻林下经济之坚。面对新栽植的果树 3 年内不能挂果受益，而高秆作物又严重制约果树生长的问题。为有效解决高秆作物影响幼树生长的矛盾。隰县按照市场经济规律和因地制宜原则，以乡村为单位，大胆探索林下经济新模式，并实施了一系列政策措施，大力发展小蒜、瓜菜、土豆、中药材等林下经济作物，使果农眼前林下有收入，长远梨果有效益，形成了林下经济发展的高效路径，在保障群众利益不受损失的同时，全面推动玉露香梨产业高效、健康发展，有效提升了果品质量。另外，还定户、定园抓疏花定果，通过强化管理，玉露香梨极品果达到 5%，精品果达到 40%，商品果达到 45%，实现品质大提升。

（三）特色"品牌化"

玉露香梨在隰县独特的自然生态环境条件下，经过多年引种、试种和示范，表现出各项指标性状稳定、口感好、品质优，在梨果界独占鳌头、大放异彩，受到了广大消费者的青睐和好评，被国家梨产业

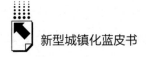

体系专家公认为"中国第一梨"。在玉露香梨不断发展壮大的进程中，玉露香梨农产品在隰县农产业结构调整中也起到了不可替代的作用，加之特色农业产业链的持续延伸升级突破，为隰县城镇化进程注入了强大的特色动力。

（四）品控"标准化"

隰县充分利用现代科学技术，大力推进标准化生产，推动全县玉露香梨果产业向高产、优质、高效、生态、安全果业转型升级。一是流程体系标准化，建立基地建设、生产规程、产品分级、冷藏运输、包装销售等标准。二是果农生产标准化，加强四季管理，推广实施果园生草、分级采收等现代农业技术。三是打造现代农业综合示范园区，扶持一批龙头企业，实现三次产业深度融合，推动梨果产业走上标准化之路。

（五）宣推"多元化"

按照"市场决定生产，只有占领高端市场才能形成高效产业，才能实现梨果产业效益和农民增收最大化"的发展理念，隰县采取了多种形式的宣传渠道，提升品牌价值，实现由"卖产品"到"卖品牌"的转变，打造"中国玉露香梨第一县"。一是建立玉露香梨宣销团队，实施玉露香梨商标认证和果品原产地二维码标识全覆盖，在全省、全国范围内对隰县玉露香梨进行推广宣传，全力打造隰县玉露香梨品牌。二是举办"隰县玉露香梨花节""秋游采摘节"等宣传活动。三是积极参加山西农展会、北京农展会、广西东盟博览会等各类农产品展销会。四是通过了世界公认的 LAC 权威品质认证；五是在太原、北京、上海、广州等多个大城市设立线下外销窗口；六是充实文化内涵，积极对市场进行文化渗透，弘扬"梨"文化，打响"梨"品牌。

（六）渠道"电商化"

电商模式已成为当今社会消费的一种时尚和主流，无论是农副产品还是生活用品，消费者都追求高质量、高品质、高品位的美好生活。比如，消费者可以通过视频，就能看到农民实时管理梨果、施肥浇水等劳作过程，极大地拉近了消费者与生产者之间的距离。这是"互联网＋"带来的现代消费新模式。2015年隰县玉露香梨电商平台上线，搭建了电商交易平台，销售步入了"互联网＋"新时代，建立了玉露香梨二维码质量追溯系统。2016年隰县农村电商培训基地正式开班，现已形成以二维码为中心、一个网站和一个微站、一个电商众创园和多个线下体验园的"一码两站两园"格局。另外，隰县开展了玉露香梨认养——"梦在坪城"系列活动，其主要特点是：认养者可以随时通过手机直播观赏梨园风景和梨果的生长状况，实时在线体验农事乐趣；可以随时分享给亲朋好友，与果农进行视频通话交流，"独乐乐"变成"众乐乐"。这是针对坪城村的实际情况量身定做的活动，这项富民扶贫工程的实施，给隰县果农创造了更多的财富。

（七）分工"专业化"

从2010年开始实施的片区项目中，隰县扶贫部门进一步加大对果业专业合作社的扶持力度，目前已有11个重点果业专业合作社得到资金和项目扶持，一批优秀的示范合作社脱颖而出。午城镇习礼垣村委会干部李源生被誉为"隰县玉露香梨之父"，1998年他自建40亩果园，引进126个优质梨树品种进行了近10年的对比种植研究，选育出了最优品种隰县玉露香梨。2007年创办隰县源生果业专业合作社，现有1029个成员、2600亩果园，范围涵盖午城、寨子、黄土、阳头升四个乡镇。凡是加入合作社的果农就可得到从供应、技术、管理到市场销售的统一管理服务，让果农种植、销售无忧。合作

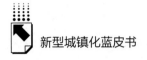

社按照全县长抓"四配套"、短抓"六环节"的办法,积极主动地将自身优质高产的标准化种植栽培技术进行推广辐射带动,已成为全县玉露香梨发展标准的专业社和样板社。

(八)产业"融合化"

在做好玉露香梨生产、管理、销售的基础上,隰县积极延伸产业链高端环节,开办"梨花节"活动,建设"梨博园"项目,发展旅游业,壮大现代物流业,进行产业大融合。对于优化农业结构、推动旅游业等方面的深度融合发展具有重要的意义。

梨花节作为隰县的城市名片,自 2011 年以来,每年 4 月举办一次,目前已连续举办六届,首届梨花节以"踏春赏梨花、感受新隰县"为主题,第二届以"梨花雪海、黄金未来"为主题,第三届开始以"梨花雪海、小康未来"为主题,通过以花为媒,以文化为内涵,以系列活动为载体,整合隰县旅游资源,打造清纯秀美的梨园风光,塑造"中国金梨之乡"对外开放的新形象,做大做强梨果产业和文化旅游产业深度融合,为全面建成小康隰县奠定基础。

中国梨博园是山西唯一一座以梨生态文化为主题的博览园区,位于隰县城南乡路家峪村,园区于 2011 年开始建设,总投资为 9.27 亿元。按照"布局园林化,景点特色化,整体自然化"的建设理念,建成了一环线(以梨博园景区环博路为游客观光路线,贯穿园区各景点)、二区域(文化体验区和生态体验区)、三群落(百年梨树群、山地梨园群、农家特色群)、五展园(百种梨树园、农耕文化园、水果采摘园、名人植树园、珍禽动物园)。2013 年 9 月,隰县中国梨博园正式开园迎客。

同时,隰县为配套梨果产业发展,玉露香梨果现代物流产业群正在快速形成。2013 年全省百企千村产业扶贫开发工程启动后,临汾市扶贫办指导隰县针对玉露香梨果产业链中相对薄弱的运输、储存、加工、包装、装卸、配送和信息处理加工等环节，开展招商引资，大力发展现代物流产业项目。山西省属国有企业晋煤集团在隰县成立山西福富民农业科技开发有限公司，注册资金5000万元，投资2亿元建设精品玉露香梨果储销综合开发项目，该项目包括建设20万吨大型数控恒温库、冷链运输、电子商务平台。山西省大型民营企业山西京润泽农业开发有限责任公司，一期投资9000万元实施果品储藏加工项目，该项目包括建设15万吨大型数控气调库、周转库房、分拣车间、清洗车间、加工车间、鲜果交易市场设施等。国家级扶贫龙头企业山西省隰县天天饮料有限公司也投资3000万元实施了5万吨数控恒温库项目。物流业等相关产业的发展壮大为玉露香梨产业发展提供了坚强的后勤保障。

四　显著成效：助推农民城镇化八年奔小康

通过以上一系列举措，玉露香梨产量实现了全国第一、品牌走出国门、产业得到融合发展等显著成效，最终实现农业现代化、农民市民化和全民小康的城乡一体化。

（一）产业规模创第一

玉露香梨果产业由县政府主导，已经成为隰县农民发家致富的支柱产业。2014年全县果树总面积达35万亩（其中梨20万亩，苹果13万亩，小水果2万亩），果品总产量4.5亿斤，产值5亿元，农民人均果品收入5000元。目前，全县玉露香梨总面积达到20万亩，果品配套覆盖面积10万亩，果品恒温储藏能力达4万吨。玉露香梨从2008年的不足2000亩发展到现在的20万亩，面积与产量均居全国第一，连续3年实现产销两旺。县政府规划到2020年全县玉露香梨总面积将达30万亩，挂果面积20万亩。每亩按最低产量4000斤计

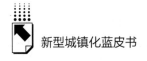

算，总产量 8 亿斤，每斤售价 3 元，总产值 24 亿元，全县 8 万农民人均玉露香梨单项收入将突破 3 万元。

（二）果业产业链形成

隰县果业专业合作社达 100 余个，几乎所有的梨果种植户都加入了果业专业合作社，使梨果产业由农户小生产向经营大户、生产能手、企业集团经营模式转移，解决了小农户和社会大市场的矛盾，增强了抵御各种风险的能力，促进了全县玉露香梨果产业大发展和农民稳定增收致富。

另外，现代物流产业项目作为现代农业产业化龙头企业，将通过订单农业方式与果业专业合作社、果农开展业务往来，拉长产业链条，增加产品附加值，提高整体效益，形成以市场牵龙头、龙头带基地、基地连农户的现代产业化新机制，集种养加、产供销、内外贸、农科教为一体。

（三）第一、第三产业大融合

梨博园获批国家 4A 级旅游景区，知名度、美誉度不断提升，2015 年带动旅游总收入 13.1 亿元。隰县以梨花为媒，以文化为内涵，以系列活动为载体，成功举办一年一度的"梨花节"，整合旅游资源，打造清纯秀美的梨园风光，实现由单纯卖梨果到观赏梨花、提升文化和壮大产业的转变，"梨花节"不仅可以充分展示隰县近年来的发展成果，而且对于"中国第一梨"品牌的宣传以及文化旅游产业的发展起到了强大的助推作用，必将产生良好的经济效应和社会效应。另外，隰县在现有旅游景点、休闲公园、交通要道等场所，均设置有地方特色的梨产业文化，集中优势将特色产业融于文化产业链中，提升了城市整体形象和城市气质。通过这一系列新奇的策略，避免了千篇一律的城镇化。隰县成为名副其实的中国金梨之乡、山西绿色之洲、晋西宜居之地、美丽幸福之都。

（四）多项荣誉出国门

2007 年，玉露香梨被中国奥组委确定为 2008 年北京奥运会指定水果。2013 年，玉露香梨全国梨王擂台赛中获"中国梨王"称号。2014 年，在北京国家会议中心举办的"中外百年品牌暨中国品牌文化管理年会"上，隰县玉露香梨荣获"中国大美梨"荣誉称号。2015 年建立了二维码质量可追溯体系和玉露香梨地方标准，成功注册"隰县玉露香梨"商标。2015 年玉露香梨在首届中国果业品牌大会上入选中国果品区域公用品牌 50 强，在第十六届中国绿色食品博览会和第十三届中国国际农产品交易会上分别获"绿博会金奖"和"参展产品金奖"，首次获得气候品质特优认证，"隰县玉露香梨嘉年华"活动被载入上海大世界基尼斯纪录。

玉露香梨供不应求，价格一路走高，成为农民快速脱贫致富的明星产品。短短几年，从卖梨到卖品牌，隰县玉露香梨实现了成功的转型和历史性的跨越。从热销临汾到直销太原，从进军京城到出口美国，隰县玉露香梨一路过关斩将，备受市场青睐。2014 年 11 月，隰县玉露香梨通过国家质量检疫检验总局审定、验收，经深圳金丰利果品有限公司首次出口到美国市场。之后，玉露香梨出口北美、欧盟、东南亚、俄罗斯、新西兰等国家和地区。

（五）农民收入快速增加

隰县玉露香梨的价格是酥梨的 4 倍，盛果期每亩普遍收入都在 3 万~5 万元，全县较早栽植玉露香梨的农户都实现了脱贫致富，"一村一品"，梨果专业村都依托玉露香梨实现了小康。"十二五"期间，隰县农民收入稳步提高，地区生产总值由 7.56 亿元增加到13.2亿元，年均增长11.7%；城镇居民人均可支配收入由1.19万元增加到2万元，年均增长10.9%；而农民人均可支配收入由2496元增加到4762元，年均增长13.8%。另外，据不完全统计，2016年全县户均收入30万元以上达20余户；户均收入10万元以上达1200余户；户均收入5万~8万元的数不胜数，为新型城镇化的可持续发展提供了坚实的经济基础。

参考文献

［1］梁云云、张瑞强：《果农增收致富一大亮点——隰县发展玉露香梨产业纪实》，隰县在线网，2015年2月。

［2］隰县"十二五"期间历年政府工作报告。

［3］隰县"十二五"期间历年各乡镇政府工作报告。

［4］隰县"十二五"发展规划。

［5］张仁杰主编《隰县县志》，方志出版社，2007。

［6］王登华主编《梨乡古今》，山西省内部图书，2007年9月。

［7］李红梅：《走出"三农"困境的城镇化发展研究》，知识产权出版社，2013。

［8］中国社会科学院工业经济研究所课题组：《中国县域经济推动产业升级实践》，社会科学文献出版社，2013。

［9］石秉章：《主攻玉露香　八年奔小康——山西省隰县发展特色扶贫主导产业的成功经验》，山西省临汾市扶贫办，2015。

B.12

"权力下放"打造特色强镇*

——山东大王镇强镇扩权特色化发展实践

陈国申　徐彭坤**

摘　要：　新型城镇化是我国现代化建设的大战略和历史性任务，
是我国扩大内需的长期动力之所在，是推动我国经济
持续健康发展的"火车头"，是我国全面建成小康社会
和从经济大国向经济强国迈进的"王牌"引擎。我国
前一阶段的城镇化存在很多问题，其中一个重要的问
题在于城镇布局失衡，侧重于大中城市，忽视中小城
镇的发展。本文尝试对大王镇"权力下放"改革的影响
效果进行理论分析，在此基础上对进一步优化乡镇特色
发展和新型城镇化提出合理化建议。

关键词：　城镇化　就地城镇化　权力下放

我国传统城镇化的一个重要弊端是大中小城市的结构失衡，
中小城市在城镇化过程中发挥的作用严重不足，很多经济发达城

---

* 本文是2012年国家社科基金项目"城镇化背景下的强镇扩权改革研究"的阶段性成果。

** 陈国申，法学博士，教授，山东农业大学地方政府与乡村治理研究中心主任、文法学院城市
管理系主任，山东农业大学1512人才第二层次人才，山东省政治学会常务理事，主要从
事城镇化问题研究，目前主持国家社科基金项目"城镇化背景下的强镇扩权改革研究"。徐
彭坤，山东农业大学文法学院硕士研究生。

镇的权力与经济、人口脱节，出现了"脚大鞋小"的局面。比如，广东省东莞市虎门镇，2016年实现地区生产总值497亿元，已经远远超过了同期很多县级市甚至地级市（李媛媛等，2013）。这种例子在全国还有很多。为此国家和各省份出台了一些权力下放的改革措施，山东省广饶县大王镇便是国家在山东省的一个试点乡镇。权力下放改革后，虽然大王镇经济发展取得了长足的进步，但也存在一些问题。下一步的权力下放改革，还需要在因地制宜、加强配套、充实人员、强化监督、党委政府与职能部门协调统一等方面深化改革。

一 研究背景

（一）相关研究简述

一般来说，学术界和实践中都将新型城镇化看作一个经济现象，把它作为一个产业转型的载体。"我国城镇化'推进模式'可区分为七种类型：建立开发区、建设新区和新城、城市扩展、旧城改革、建设中央商务区、乡镇产业化和村庄产业化。"（李强等，2012）乡镇一级的城镇化动力主要是产业发展，产业发展到一定水平的经济强镇便率先对扩权产生了需求。

强镇扩权的实施是促进工业强镇发展、推动新型城镇化的重要路径。推动乡镇的发展需要当地乡镇政府的大力支持，乡镇政府承担着推动城镇发展的重大职能，而这些职能的实现需要相应的权力配置作为保障。在我国现行行政管理体制中，建制镇政府没有行政许可权、处罚权、强制权，但必须执行上级政府颁布的任务并承担相应的责任（陈剩勇、张丙宣，2007），县级政府对经济强镇扩权是实现乡镇特色发展的第一步。

（二）国家"强镇扩权改革"的背景

2010 年 4 月 1 日，中央编办联合中农办、国家发展改革委、公安部、民政部、财政部五个部委联合下发了《关于开展经济发达镇行政管理体制改革试点工作的通知》，要求 13 个省份的 25 个经济发达镇进行强镇扩权的改革试点，探索权力下放、强镇扩权的改革之路。这一通知明确指出了强镇扩权改革试点的总体要求：试点工作"按照加强基层政权建设、统筹城乡协调发展的要求，努力破解经济发达镇发展遇到的体制障碍，理顺职责关系，优化组织结构，着力提高社会管理和公共服务能力，充分发挥经济发达镇在区域经济社会发展中的辐射带动作用，为推进我国城镇化进程创造有利条件"。

大王镇是山东省唯一的试点乡镇，对山东小城镇特色化发展具有重要的示范意义。大王镇恰逢中央编办在全国范围内深入开展发达镇行政管理体制的改革试点之机。除大王镇被确定为省内唯一的国家级试点镇之外，2010 年山东省政府还在省内 10 个城市中选择了 10 个经济发达镇同时开展试点，主要针对镇级行政管理中所亟待解决的矛盾和问题，促进农村城镇化的探索。从改革背景来看，中央至地方所制定的试点改革决定无疑会给大王镇的特色城镇化发展提供重要的政策支持。从本质上看，扩权强镇改革源于经济发达省份的政府为强镇破除体制限制的诉求。"纵观 1978 年以来我国政府行政体制改革的历程，虽然有一定反复，但总体上可以发现一条主线，就是权力逐渐由中央向地方乃至基层乡镇政府转移。"（胡税根等，2013）。

（三）特色强镇的含义

特色强镇是一种镇域发展模式，是凭借独特的资源、区位和历史传统等优势，在具备强大的产业基础的前提下，以产镇融合为总体思

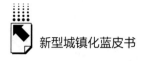

路，坚持走特色城镇化道路，建成产镇俱强的镇域经济体。本文中的特色强镇特指大王镇。

（四）大王镇概况

山东省广饶县大王镇自 2010 年 4 月被确定为全国经济发达镇行政管理体制改革以来，在县委、县政府的正确领导和市县编办的精心指导下，解放思想，大胆实践，积极探索行政管理体制改革的新途径、新思路，稳妥有序地承接上级政府下放权限，并以此为契机推进乡镇的特色化建设，把该镇打造成山东省"工业强镇"并带动当地的"就地城镇化进程"。

大王镇的特色是以工业强镇带动新型城镇化的发展。该镇自改革开放以来就是重视工业发展的经济重镇，拥有规模以上企业 103 家，全国 500 强企业 3 家，中国制造业 500 强企业 5 家，上市公司 2 家，年销售收入过百亿元的企业 4 家。该镇根据省、市批复要求，按照"镇区一体、融合发展"的模式整合资源，充分发挥该镇经济开发区的优势，着力提高承载能力，大力实施新型工业化战略，做大做强汽车配件、橡胶轮胎、精细化工和绿色造纸四大产业，并依托企业发展带动乡镇设施建设，推动农村劳动力转型，依此加快该镇"就地城镇化"进程。

二 大王镇有利发展条件分析

（一）丰富的自然资源

地形特征和水源分配格局对城市土地利用方式有着深刻的影响，不同的土地利用对地形有不同的要求，而不同的地形则适应不同的土地利用方式，从而形成形式各异的土地利用空间结构。大王镇地形平坦，土壤肥沃，并且有充足的水源，当地企业适宜聚集成"企业群发展"，早在 20 世纪 90 年代初大王镇就做出了"人口向镇区集中，土地向大户集中，企业向园区集中"的重大战略决定，当地优越的自然资源条件为大王镇"工业强镇"提供了重要的支撑。

（二）优秀的乡镇文化

文化和精神因素是大王镇发展的最主要和最宝贵的财富源泉。乡镇文化是推进乡镇发展过程中的重要精神动力，代表了居民对乡镇建设和发展的感情倾向和价值观。大王镇在工业经济不断发展和壮大的过程中形成了"说了算、定了干、干就干好"的实干精神。正是在这一实干精神的鼓舞下，当地居民奋勇向前，积极大胆地推进乡镇企业发展，培育了许多优势产业，如新闻纸、子午胎、石油化工等。

在经济发展过程中，大王镇高度重视依靠文化集聚本镇的发展动力，牢牢把握先进文化的前进方向："坚持工业、农业、小城镇'三篇文章'一起做，物质文明、精神文明、政治文明、生态文明'四个文明'一起抓，逐步走上了市场化、产业化、现代化、工业化、城镇化和生态化的发展之路。"（牟元元，2013）大王镇在经济与社会发展的过程中培育了先进的发展文化，先进的发展文化又推动了大王镇经济与社会的科学发展。

发展过程中的历史传统为乡镇后续强有力地发展提供了营养根基。大王镇在十一届三中全会以后积极推进工业产业发展，大力发展乡镇企业，早期的建设成就和建设经验为乡镇在促成自己的"特色优势产业"发展时提供了重要的发展经验。

三 大王镇"工业强镇"发展路径

（一）稳妥有序承接县级下放权限，为工业发展提供便利支持

乡镇政府要想切实有力地促进乡镇企业的发展，必须有充分的行

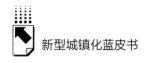

政权力作为依托和保障,只有拥有了充分的权限才可以为当地的企业发展提供充分的便利条件。

山东省编办会同省农工办、发改委、公安厅、民政厅、财政厅、住房和城乡建设厅和法制办7个部门共同发布了《关于在部分经济发达镇开展行政管理体制改革试点工作的通知》(鲁编办〔2010〕82),对山东省的权力下放提出了明确的要求:"按照'权责一致、依法下放、能放即放'的原则,赋予各试点镇比其他乡镇更多的县级经济社会权限,着力下放产业发展、规划建设、社会管理、环境保护、市场监管、社会治安以及项目审批等涉及经济发展和城市建设管理等方面的管理权限。"

大王镇依法按照"签订委托协议、统一规范流程、统一授牌授印"的原则稳妥有序地承接县政府的下放权力。原先由县级政府所行使的部分行政审批许可和处罚权现由大王镇政府直接行使,县级审批权限内投资项目由镇级主管部门办理初审,报县级投资主管部门审核后"见章盖章",予以备案。其中最有代表性的权力下放,是县政府土地规划的审批权下放,在大王镇设立了规划建设局,行使土地规划审批权。

大王镇规划建设局行使土地审批权的优势明显。首先,大王镇规划建设局作为本镇的政府机关,对当地企业设立后给当地经济社会发展所带来的效益更加关注,服务的积极性、主动性更强。其次,大王镇建设规划局比较熟悉本镇的情况,在行使权限时可以从本镇的土地规划实际出发,科学合理、高效高质地完成审批程序,避免由县政府行使权力时因平衡各镇利益而造成的拖延现象。再次,据企业负责人反映,行政规划审批权下放到镇里,由原先到县里获得审批到现在在本镇就可以办理完成,给企业的生产发展节省了大量的"审批时间"和成本,有利于企业更好更快地发展。

（二）调整行政机构设置，强化对"企业建设"的服务功能

行政机构设置的完备程度影响着该乡镇政府对本乡镇的服务水平和效能，行政机构设置得越完备，本乡镇的服务水平和效能就越强。

大王镇在分两批稳妥有序地承接涉及发展改革、商贸财税、科技信息、建设城管、国土资源、水利、交通、公安等 108 项县级管理权限的过程中，积极调整相对应的行政机构，以优化的行政机构作为提供服务职能的载体。

大王镇按照精简、统一、效能的原则，与该镇经济开发区管理委员会实行"镇区一体"管理模式，两块牌子、一套班子，合并设置内部机构，整合管理资源，保证职能行使统分结合、责权清晰一致。明确的责权划定和职责划分为乡镇的工业特色化发展提供了足够的支持和保障。

大王镇投资 350 多万元建成了便民服务中心，涉及经济发展、规划建设、城镇管理、民生保障等多个领域，镇级行政审批事务均进入便民服务中心集中办理，实现了"一站式"服务，该行政服务机构的设置与成立，有效地简化了审批环节，提高了行政效率，增强了为企业服务的能力。

（三）县政府加大对"工业强镇"的财政扶持力度

为推进工业强镇的发展，镇政府必须要有充足的财政资金作为保障，财政资金是工业强镇发展过程中所依赖的重要财力。

在推进该镇"扩权强镇"的改革方案中，县委、县政府制定实施了一系列优惠政策。从 2011 年起 5 年内，以 2011 年大王镇财政上缴额度为基数，在该镇辖区内实行县及县以下超收部分由镇财政全额留成，并且镇辖区内收取的土地出让金净收益、城市基础设施配套费、耕地占用税属县及县以下部分全额返还镇级财政。

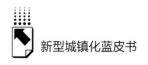

大王镇的"工业强镇"特色化建设是一套整体性系统建设。"工业强镇"在推进实施的过程中，虽然创造了不少产值，但也不可避免地造成了乡镇的污染，乡镇获得足额的财政补贴之后可以大规模有效地治理污染，从而促成整个乡镇的可持续特色发展。

同时该镇还积极争取上级加大资金扶持力度，进一步保证了该镇的基础设施和公共服务设施建设拥有足额的乡镇财政资金，可以完善相关乡镇企业发展的配套设施建设，尤其是改进环境设施建设，目前大王镇建设了3万亩生态林场、水库和第一、第二污水处理厂等促进企业持续性发展的设施，环境设施的改善能够吸纳大量的当地农村人员和外来人员前来务工，一方面为当地企业的做大做强提供了充沛的劳动力资源，另一方面也促成了工业所带来的"就地城镇化"成果。

同时，大王镇积极完善金融服务体系。中国建设银行、中国农业银行、东营银行等大型金融机构分支机构驻扎在大王镇，为该乡镇工业的融资发展提供了强有力的支撑。"目前，大王镇域内小额贷款公司和民间资本管理公司已发展到6家，国有或地方商业银行的分行和分理处共8家。"（郭敏，2014）

（四）完善配套措施，促进健康发展

一是积极拓展发展空间，争取上级建设用地的指标。2012年共为大王镇安排新增建设用地指标1226亩，其中，落实上级下达计划指标90亩，单独安排新增建设用地指标1136亩。2013年，在广饶县年度建设用地指标中，为大王镇6个项目安排用地指标305.2亩，其中耕地299.7亩（郭敏，2014）。

二是积极完善城乡发展规划体系。该乡镇编制通过了《大王镇总体规划（2012—2030年）》，确定了"镇区一体、四区统筹、三水飘带、七星棋布"的新型城镇化格局，规范科学的乡镇发展规划布

局为该乡镇工业的集聚性规模工业发展提供了有力的工业支持（郭敏，2014）。

三是强化城镇发展的人才支撑。一方面，权力下放以后乡镇行政机关积极引进高素质办事人员和技术人员，为工业企业的发展提供了"程序办理"支持和技术支持。另一方面，依托设置在该镇的职业学院积极开展农民和工人教育培训，以此为企业的发展提供优质的劳动力。2012～2013年该镇依托该学院成立了农村劳动力转移实训基地，举办培训班458期，参训人员达1.6万余人次，提高了参训人员技术水平和技能素质，促进了农村劳动力转移，培育和壮大了该乡镇经济社会发展急需的各类人力资源队伍（郭敏，2014）。

四 "权力下放"条件下从工业强镇到特色强镇的转变

"权力下放"充分赋予了大王镇充足的发展自主权，为该镇的城镇化和经济社会发展提供了有力支持，为特色强镇的建设提供了充足的动力。

（一）镇域经济做大做强

大王镇实施强镇扩权改革以来，镇域经济有了大幅增长。大王镇自2010年开始实施强镇扩权改革，2012年镇域经济呈现出良好的发展势头：2012年，大王镇实现生产总值196.9亿元，比上年增长22.9%，是2010年的1.4倍；规模以上工业主营业务收入1199.5亿元，比上年增长25.3%，是2010年的1.85倍；固定资产投资120.7亿元，比上年增长22.4%，是2010年的1.5倍；公共财政预算收入57753万元，比上年增长32.7%，是2010年的1.7倍（东营市编办，2013）。在全国乃至全球经济增长速度放缓的情况之下，大王镇依然保持了较好的发展态势。2015 年全镇实现生产总值 219 亿元，同比增长 8.2%；规模以上企业主营业务收入达 1613 亿元，同比增长 2.4%；完成固定资产投资 192 亿元，同比增长 5.1%；公共财政预算收入达 9.26 亿元。大王镇在全国综合实力百强镇排名中，列全国第 70 位、全省第 1 位[1]。2016 年，全镇实现规模以上工业主营业务收入达 1677 亿元，镇级财政收入达 10.4 亿元，在全国综合实力百强镇排名中列全国第 68 位、全省第 1 位[2]。

（二）就地城镇化

大王镇城镇建设规模效应明显，载体功能提升。权力下放以来，工业经济的做大做强，促进了该镇"农村劳动力的转型"，许多农民和外来人员前来务工，并逐渐在该镇定居下来，促使乡镇承载规模越来越大，提高城镇化水平，现如今大王镇城市化水平已达 66.3%[3]。

（三）基础设施适度超前

乡镇的综合特色性建设必须以乡镇基础设施为城镇化发展的物质载体，而大王镇的基础设施建设需要以工业经济的发展为前提，况且乡镇企业的扩展需要更完善的措施为其提供外部保障。大王镇依托当地工业经济发展，按照统一布局、适度超前、统筹兼顾、完善功能的原则，加快道路、供电、供暖、供排水、污水处理、垃圾处理、广播电视、网络通信等建设。

---

[1] 《2015 年全镇经济发展概况》，http：//www. sddawang. gov. cn/newsInfor. aspx？newsTypeID = 9&newsID = 1326。

[2] 大王镇政府：《科学定位 统筹协调 打造宜居宜业的现代化小城市》（2017 年 2 月 14 日新生小城市发言材料）。

[3] 大王镇政府：《科学定位 统筹协调 打造宜居宜业的现代化小城市》（2017 年 2 月 14 日新生小城市发言材料）。

（四）建成一批有特色的公共服务项目

配备与该乡镇相适应的公共服务设施建设，进一步配套完善标准化学校、幼儿园、卫生院、敬老院等公共服务设施，积极发展各项社会事业。大王镇以推进国家级改革试点镇和省级示范镇为契机，大力加强城镇基础设施建设和公共服务配套，加快建设一批具有综合承载能力的地产、金融、物流、文化、教育、医疗等标志性建筑和大型服务项目。

（五）形成一批特色鲜明的标志性功能区

精心打造一批城镇综合体和特色商业街，重点抓好恒宇御景家园、银座商城、金融中心、东百大厦、佳乐购物广场等一批大项目建设，提高城镇辐射带动力和综合承载力（郭敏，2014）。

五 "权力下放"推动特色强镇建设中的问题

（一）大王镇"权力下放"行政机构设置适应性不足

只有与乡镇发展相适应的行政机构才可助当地建设"一臂之力"，相关行政机构设置的适应性不足容易造成行政管理和当地建设发展"脱节"。在权力下放试点的过程中，县乡两级之间的部门衔接性、权力下放的精确性有待提高，与此同时，行使下放职权的细化程度还有待进一步加深。

在我国当前的基层管理体制下，一个建制镇，无论偏重农业，还是偏重工业，无论人口达到了市县标准，还是属于普通乡镇，镇的机构编制、职能设置和人员职级，都存在严重的同一性，完全达不到因地制宜，满足不了镇域经济的差异性要求和人口发展的多元

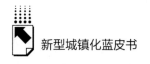

化趋势,这严重制约了特色镇的进一步发展,限制了新型城镇化的推动。

(二)大王镇所需的相关政策扶持有待进一步落实

大王镇在承接下放的权限时,需要相对应的政策作为辅助扶持条件,只有在充足的政策支持下,所下放的权限才有更充足的实施和效用空间。

大王镇在推进工业强镇发展过程中受到"土地指标"的限制,用地指标是制约镇域经济发展的关键因素,现已经出现土地供需矛盾的问题,进而导致工业用地、建设用地审批难、招商引资项目落地难、建设项目"一书两证"办理难等问题,相关部门建议省政府每年列出一定数量不占用县级计划的用地指标。

(三)基层工作人员素质难以符合下放的事权

行政机关人员的素质直接决定乡镇机关的职能效能和行政效率。不同的职能需要相关行政人员具备不同的知识素质和技能素质。大王镇对下放权限的承接需要掌握相关的专业知识,而乡镇工作人员基本没有接触过此类工作,还需要一定的适应过程,这势必会影响一些管理权限的有效行使。笔者在建设规划局调研时了解到:"由于集中下放事权,大量的工作都要由镇上既有的机关事业单位工作人员来承担,但目前的工作人员在知识上、能力上、人数上暂时难以满足下放事权的需要,希望为基层增加相应的人员配置。"

(四)各部门工作协调配合运行效率低

首先,乡镇对下放的权力承接以后,县级行政机关对乡镇如何执行权力缺乏必要的指导和支持,使得乡镇在处理相关行政事务时效率低下且出错率比较高,县乡两级行政机关的权力交接工作出现较多问题。据前来办事的企业人员反映，原先去县里很短时间就能办好的事，现在来镇上拖了好几天仍没有头绪，这样势必会增加企业扩大发展的成本，不利于乡镇企业的快速发展。

其次，为了加强对企业的服务与监管，需要专门的实验设施、设备和相应的部门和人员，由于以前基本都是上级行政机关配备专门的设备和人才，权力下放以后，很难迅速组建相关的设施和人员来展开对乡镇企业的监管和服务，因此，权力下放很长一段时间内，乡镇的服务和监管存在一定的滞后性。

再次，经济发达镇的派驻机构与乡镇行政机构配合的默契较差。笔者在该镇调研时了解到："镇上的派驻机构虽然在强镇扩权之后要接受镇党委和政府的指导和协调，但由于在习惯上要接受县主管部门的管理，在实际工作运行中一时还难以理顺。"

六　大王镇进一步扩权推进特色强镇建设的对策与建议

2016 年 12 月，中共中央办公厅、国务院办公厅印发了《关于深入推进经济发达镇行政管理体制改革的指导意见》（以下简称《指导意见》），为经济发达镇的改革提出了明确的要求和具体的指导意见。针对大王镇的具体情况以及中央的指导意见，笔者认为应当从以下四个方面继续推进大王镇特色强镇的建设。

（一）因地制宜地设置镇职能部门

大王镇作为一个经济发达镇，同时又是一个工业特色镇，其职能部门有必要因地制宜，区别于普通乡镇，以满足经济社会发展和特色强镇的建设需要。

《指导意见》和原中央编办主任都对"因地制宜"提出明确的意

见。《指导意见》的因地制宜主要是讲经济发达镇和特色强镇的选择要因地制宜："对落实国家重大战略、完善区域城镇体系和促进区域协调发展具有特殊地位和作用的镇，以及历史文化名镇等特色小镇，应予重点考虑。"权力下放的对象一旦选定后，还要因地制宜地进行机构设置："要适应城镇化管理特点，遵循精简、统一、效能的原则，科学设置机构和配备人员编制，优化组织结构。同时，要注意不能照搬县或县级市组织机构模式，更不能把改革试点搞成简单地提高规格，增设机构、扩充编制，增加人员。"①

（二）申请配套政策保障"权力下放"落在实处

权力下放和机构设置一旦完成，还必须有相应的配套政策才能保证下放的权力得到有效的运行，建立的机构得到高效运转。这些相应的配套政策既有直接给予建制镇权限的有关政策，如土地流转和性质权力变更政策、基建投资政策、财政收入返还政策等；也有需要制定的鼓励政策，如鼓励金融机构和社会资本在经济发达镇设立分支机构、村镇银行等新型农村金融机构，为经济发达镇和特色强镇的建设与发展提供金融服务。

（三）培养"经济适用"人才，提高服务能力

对于大王镇等经济发达镇而言，下放的权力能否承接，关键是有无满足要求的服务人员和技术人才，以及这些人员是否适当地行使权力。对镇域发展来说，人才要以培养为主，以引进为辅；以熟悉本地、适合本地的"经济适用性"人才为主，以高端稀缺人才为辅。

首先，要充分调动乡镇既有工作人员的积极性，把相关人员充实

---

① 王东明：《深化经济发达镇行政管理体制改革 为经济社会又好又快发展增添新动力》，《中国机构改革与管理》2012 年第 4 期。

到相关部门中去，少数不能直接达到要求的工作人员，可以经过培训之后上岗工作。对于培训也无法满足需要的岗位人员，可以报相关部门审批后，通过招考或招聘的方式来吸收满足需要的人才。

其次，要做好对相关人员的业务指导、考核和监督工作。一方面通过业务指导提高相关人员的服务能力，另一方面，通过加强考核和监督工作来提高他们的工作责任心，将其变成真正促进乡镇"工业经济"发展的推动力量。保证权力扩充之后少出现、不出现滥权现象。

（四）干部属地管理属地考核

对于通过在乡镇内部增设行政机构、扩充人员也无法承接下放权力服务当地经济社会发展的部门，还可以通过县级政府部门在乡镇分设机构的方式来满足地方需要。对于县级部门在乡镇的派驻机构，原则上来说应当实行属地管理。派驻机构的县级政府行政部门仅对派驻机构行使业务指导权力，对于派驻机构来说，管理和考核要以镇为主，即便是干部任免大事，也必须听取镇党委和镇政府的意见。由此，实现镇党委和政府与乡镇职能部门的协调，从而提高服务和管理效率。

小　结

强镇扩权是个新事物，经历了一个从无到有的过程，也经历了一个逐渐明晰化、科学化的过程，在我国新型城镇化过程中发挥了重要作用。尽管如此，我们仍然要客观地看待强镇扩权改革，在未来的改革过程中，可能还会出现这样那样的问题。对此，应当鼓励基层大胆摸索，勇敢创新，建立容错、纠错机制，调动基层干部、群众的创新精神和创业热情。

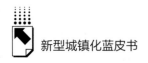

参考文献

［1］张占斌：《新型城镇化的战略意义和改革难题》，《国家行政学院学报》2013年第1期。

［2］李媛媛、王泽、陈国申：《从"简政放权"到"强镇扩权"——对改革开放后两次乡镇改革的比较分析》，《社会主义研究》2013年第6期。

［3］李强、陈宇琳、刘精明：《中国城镇化"推进模式"研究》，《中国社会科学》2012年第7期。

［4］陈剩勇、张丙宣：《强镇扩权：浙江省近年来小城镇政府管理体制改革的实践》，《浙江学刊》2007年第6期。

［5］胡税根、刘国东、舒雯：《"扩权强镇"改革的绩效研究——基于对绍兴市28个中心镇的实证调查》，《公共管理学报》2013年第1期。

［6］牟元元：《立足黄蓝战略，谱写红绿篇章》，《东营日报》2013年10月22日第3版。

［7］郭敏：《大王镇行政管理体制改革的探索与思考》，《机构与行政》2014年第1期。

［8］《向着"全国百强镇"大步迈进——大王镇2013年经济发展综述》，广饶县政府网，2014年1月16日。

［9］东营市编办：《破解体制障碍　激发发展活力——大王镇行政管理体制改革试点工作成效明显》，《机构与行政》2013年第6期。

［10］大王镇政府：《2015年全镇经济发展概况》，大王镇人民政府网，2016年7月27日。

［11］大王镇政府：《科学定位 统筹协调 打造宜居宜业的现代化小城市》，新生小城市发言材料，2017年2月14日。

［12］王东明：《王东明同志在经济发达镇行政管理体制改革试点工作座谈会上的讲话》，2012年4月24日。

本书站在城市生、老、病、死全生命周期的角度解读城镇化的进程和模式。作者站在中观层面（城市）探索了城市发展的规律，用亲身经历的大量案例和理论思考，全面阐述了城镇化的六个价值提升阶段模型，重新诠释了城市的规划、城市营销、项目管理、土地一级开发以及城市配套服务设施的意义。书中提出了重要的命题，城市信用事关城市生死，

没有信用成长的城镇化是不可持续的。为了实现新型城镇化，地方政府职能转变是关键，如何转变，平台型政府找答案。

公司简介

　　北京荣邦瑞明投资管理有限责任公司（以下简称"荣邦瑞明"）成立于2011年，目前拥有80余名专业咨询顾问，是一家集公共研究、投融资服务、PPP（Public – Private – Partnership，政企合作）咨询于一体的大型专业智库机构。董事长李伟先生是投融资规划规划的创始人，总经理陈民先生是国家发改委和财政部PPP双库专家，公司核心团队成员均具有10年以上的从业经验，并入选国家财政部、多省财政厅PPP专家库。

　　公司秉承"让合作更简单"的发展理念，着眼于中国新型城镇化实践，面向作为城市发展决策者的地方政府、作为城市发展实施者的城市投资公司、作为城市发展重要参与者的社会资本，运用系统工程的理论与方法，以投融资为切入点，提供定制化顾问服务，旨在解决新型城镇化道路上政企合作所面临的各类问题，使城市发展更加科学合理。

　　2013年，荣邦瑞明编撰出版了《政企合作——新型城镇化模式的本质》一书，深入剖析了新型城镇化的发展逻辑，并科学预判了PPP时代的到来。近年来，荣邦瑞明已经在全国20多个省份成功实施了上百个PPP咨询服务项目，主要涉及产业园区、特色小镇、棚户区改造、新型城镇化建设、轨道交通、流域治理、生态环保、教育医疗、智慧城市等大型综合项目，项目投资总额超过万亿元。2016年，荣邦瑞明被评为"中国PPP项目咨询服务机构十大顶级品牌"、"中国PPP项目咨询服务最佳智库"和"城镇综合开发和轨道交通PPP咨询服务首选品牌"。

此外，公司核心团队还编撰出版了《解密轨道交通 PPP》《新型城镇化蓝皮书（2014）》《新型城镇化蓝皮书（2015）》《投融资规划——架起城市规划和建设的桥梁》《破解城市建设困局——长阳模式解读》《破解城投公司困局——探索中国经济发展基因》等一系列专著。这些专著作为荣邦瑞明人与城镇建设管理界新老朋友共同探索的结晶，在城镇建设投融资领域产生了深刻的影响。

公司下设城市中国研究院，与中国系统工程学会、中国区域科学协会、中国公共经济学会、中国发展战略学研究会、北京大学首都发展研究院、中国人民大学土地政策与制度研究中心等科研机构建立了战略合作关系，定期组织学术沙龙、研讨等活动，致力于共同推动中国城市建设管理水平的提升。

公司设立科技版块，积极投身于"互联网＋"、"大数据"以及"人工智能"在咨询服务领域的应用，并率先推出"大头针 PPP 问答平台"，旨在实现专家与用户的零距离接触，让 PPP 专业知识不再神秘。

未来，我们将坚持"智慧＋资本＋科技"的企业发展路线，立志将公司打造成为中国城镇发展领域最专业的投资管理集团。

权威报告·热点资讯·特色资源

皮书数据库
ANNUAL REPORT(YEARBOOK)
DATABASE

当代中国与世界发展高端智库平台

所获荣誉

- 2016年，入选"国家'十三五'电子出版物出版规划骨干工程"
- 2015年，荣获"搜索中国正能量 点赞2015""创新中国科技创新奖"
- 2013年，荣获"中国出版政府奖·网络出版物奖"提名奖
- 连续多年荣获中国数字出版博览会"数字出版·优秀品牌"奖

成为会员

通过网址www.pishu.com.cn或使用手机扫描二维码进入皮书数据库网站，进行手机号码验证或邮箱验证即可成为皮书数据库会员（建议通过手机号码快速验证注册）。

会员福利

- 使用手机号码首次注册会员可直接获得100元体验金，不需充值即可购买和查看数据库内容（仅限使用手机号码快速注册）。
- 已注册用户购书后可免费获赠100元皮书数据库充值卡。刮开充值卡涂层获取充值密码，登录并进入"会员中心"—"在线充值"—"充值卡充值"，充值成功后即可购买和查看数据库内容。

社会科学文献出版社 皮书系列
SOCIAL SCIENCES ACADEMIC PRESS (CHINA)

卡号: 972337744238
密码:

数据库服务热线：400-008-6695
数据库服务QQ：2475522410
数据库服务邮箱：database@ssap.cn
图书销售热线：010-59367070/7028
图书服务QQ：1265056568
图书服务邮箱：duzhe@ssap.cn

S 子库介绍
ub-Database Introduction

中国经济发展数据库

涵盖宏观经济、农业经济、工业经济、产业经济、财政金融、交通旅游、商业贸易、劳动经济、企业经济、房地产经济、城市经济、区域经济等领域，为用户实时了解经济运行态势、把握经济发展规律、洞察经济形势、做出经济决策提供参考和依据。

中国社会发展数据库

全面整合国内外有关中国社会发展的统计数据、深度分析报告、专家解读和热点资讯构建而成的专业学术数据库。涉及宗教、社会、人口、政治、外交、法律、文化、教育、体育、文学艺术、医药卫生、资源环境等多个领域。

中国行业发展数据库

以中国国民经济行业分类为依据，跟踪分析国民经济各行业市场运行状况和政策导向，提供行业发展最前沿的资讯，为用户投资、从业及各种经济决策提供理论基础和实践指导。内容涵盖农业，能源与矿产业，交通运输业，制造业，金融业，房地产业，租赁和商务服务业，科学研究，环境和公共设施管理，居民服务业，教育，卫生和社会保障，文化、体育和娱乐业等 100 余个行业。

中国区域发展数据库

对特定区域内的经济、社会、文化、法治、资源环境等领域的现状与发展情况进行分析和预测。涵盖中部、西部、东北、西北等地区，长三角、珠三角、黄三角、京津冀、环渤海、合肥经济圈、长株潭城市群、关中一天水经济区、海峡经济区等区域经济体和城市圈，北京、上海、浙江、河南、陕西等 34 个省份及中国台湾地区。

中国文化传媒数据库

包括文化事业、文化产业、宗教、群众文化、图书馆事业、博物馆事业、档案事业、语言文字、文学、历史地理、新闻传播、广播电视、出版事业、艺术、电影、娱乐等多个子库。

世界经济与国际关系数据库

以皮书系列中涉及世界经济与国际关系的研究成果为基础，全面整合国内外有关世界经济与国际关系的统计数据、深度分析报告、专家解读和热点资讯构建而成的专业学术数据库。包括世界经济、国际政治、世界文化与科技、全球性问题、国际组织与国际法、区域研究等多个子库。

法 律 声 明

　　"皮书系列"（含蓝皮书、绿皮书、黄皮书）之品牌由社会科学文献出版社最早使用并持续至今，现已被中国图书市场所熟知。"皮书系列"的 LOGO（▶）与"经济蓝皮书""社会蓝皮书"均已在中华人民共和国国家工商行政管理总局商标局登记注册。"皮书系列"图书的注册商标专用权及封面设计、版式设计的著作权均为社会科学文献出版社所有。未经社会科学文献出版社书面授权许可，任何使用与"皮书系列"图书注册商标、封面设计、版式设计相同或者近似的文字、图形或其组合的行为均系侵权行为。

　　经作者授权，本书的专有出版权及信息网络传播权为社会科学文献出版社享有。未经社会科学文献出版社书面授权许可，任何就本书内容的复制、发行或以数字形式进行网络传播的行为均系侵权行为。

　　社会科学文献出版社将通过法律途径追究上述侵权行为的法律责任，维护自身合法权益。

　　欢迎社会各界人士对侵犯社会科学文献出版社上述权利的侵权行为进行举报。电话：010－59367121，电子邮箱：fawubu@ ssap. cn。

社会科学文献出版社